Experiências que deixam marcas

Experiências que deixam marcas
Conceitos fundamentais sobre *Customer Experience*

Volume 1

2ª Edição

Coordenação: **Andréa Naccarati de Mello**

Coautores: André Luiz Camacho da Silveira, Andréa Naccarati de Mello, Fábio Dias Monteiro, Jim Jones da Silveira Marciano, José Joaquim Costa de Oliveira, Larry Sackiewicz, Luis Alt, Luiz Carlos Corrêa

São Paulo, 2022

Copyright © 2021 by Robecca & Co. Editora

Coordenação: Andréa Naccarati de Mello

Preparação e revisão: Sandra Leite
Projeto gráfico e diagramação: Paulo Fraga
Capa: Endy Marcelo Santana

Dados Internacionais de Catalogação na publicação (CIP)

Experiências que deixam marcas : conceitos
   fundamentais sobre customer experience /
   organização Andréa Naccarati de Mello. --
   2. ed. -- São Paulo : Robecca & Co. Editora,
   2021. -- (Experiências que deixam marcas ; 1)
   Vários autores.
   ISBN 978-65-993938-0-8

   1. Administração 2. Clientes - Contatos - Administração 3. Cultura organizacional 4. Marketing de relacionamento 5. Negócios I. Mello, Andréa Naccarati de. II. Série.

21-57772   CDD-658.812

Índices para catálogo sistemático:
1. Customer experience : Serviço ao cliente : Administração 658.812
Maria Alice Ferreira - Bibliotecária - CRB-8/7964

Todos os direitos desta edição reservados à:
Robecca & Co. Editora
editora@robecca.com.br

"O propósito de um negócio é conquistar um cliente que conquiste outros clientes."
Shiv Singh

"Este livro é dedicado a todas as pessoas apaixonadas pela arte de criar experiências aos seus clientes e fazer a diferença na vida deles."

AGRADECIMENTO

Gostaria de agradecer a todos os sete coautores deste livro, alguns velhos amigos há quase trinta anos, outros amigos dos amigos, outros indicados pelos amigos, por terem aceitado o convite para participar desta jornada literária inusitada de *Customer Experience*, tão relevante nos dias de hoje. Todos são profissionais muito experientes nas áreas em que atuam.

A ideia nasceu da vontade de plantar uma semente sobre o tema (que já tem muitos anos de existência, mas ainda é desconhecido para muitos) e abrir a mente de executivos para a importância e urgência de se colocar o cliente no "coração" da empresa, genuinamente, e propiciar experiências inesquecíveis, gerando assim respeito, lealdade pela marca e resultados sustentáveis para a empresa.

Também gostaria de agradecer à ABACCUS SOFTWARE pelo interesse, confiança e suporte ao tema tão relevante desta obra literária, em especial ao sr. RODRIGO SANTOS, Fundador & CEO.

Andréa Naccarati de Mello

SUMÁRIO

PREFÁCIO 16

INTRODUÇÃO 18

PARTE I – O 360º DO *CUSTOMER EXPERIENCE* 23

1. *Customer Experience*, sua importância e seus desafios 24
2. Marketing e o consumidor conectado. O desafio 32
3. Marcas com propósito fazem a diferença 40
4. Reputação da marca também faz parte do *Customer Experience* 50
5. Usabilidade e design da Experiência do Usuário (UX) 56
6. A experiência do *e-commerce* 64
7. Mapeando a jornada do cliente 74
8. Fidelização *vs* deserção de clientes 82
9. Cultura e valores. Elementos-chave de uma transformação sustentável 94
10. *Employee Experience* no contexto do *Customer Experience* 102
11. Fatores de sucesso e caminhos críticos do *Customer Experience* 120
12. Medindo e melhorando experiências 138
13. Como usar dados para aumentar o ROE – *Return on Experiences* 148

PARTE II – PROCESSOS, TECNOLOGIAS E FERRAMENTAS DO *CUSTOMER EXPERIENCE* 159

14. Omnichannel e o Customer Experience 160
15. *Customer Relationship Management*. Passado? 166
16. O *Customer Relationship Management* e o *Customer Experience* 174
17. *Design* de Serviço 198
18. Sistema de Gerenciamento de Regras de Negócio (BRMS) 212
19. Inteligência Artificial e Realidade Aumentada 232
20. O *Customer Experience* pós-pandemia 250

PARTE III – ENTENDENDO COMO FAZER 263

21. *Cases* de sucesso na implantação de *Customer Experience* 264
22. *Cases* de fracasso na implantação de *Customer Experience* 276
23. E para concluir 284

COAUTORES 288

REFERÊNCIAS BIBLIOGRÁFICAS 297

IMAGENS 302

LIVROS DA EDITORA ROBECCA 303

PREFÁCIO

"Um livro de leitura bastante fácil, que explica e desmistifica o *Customer Experience* ou Experiência do Consumidor através de uma visão 360º, explicando em detalhes os novos aspectos principais que compõem o CX e que têm que ser tratados com a mesma importância, já que não é suficiente cuidar apenas de alguns e esquecer de outros, pois a experiência final pode ser frustrante.

Dois aspectos me fazem recomendar a leitura deste livro. O primeiro é o fato do livro ter sido escrito por oito reconhecidos profissionais do mercado, o que traz uma visão mais ampla e diversificada do assunto, além de complementar a teoria com a experiência e vivência de cada um, trazendo casos práticos e tornando a leitura mais agradável. O segundo é que o conteúdo traz uma visão atual e completamente diferente de outros livros e materiais sobre o tema, pois foi escrito durante a pandemia do Covid, quando tudo mudou. São novos comportamentos, novas realidades de consumo, expansão rápida dos canais digitais, isolamento, enfim muitas mudanças e maiores expectativas dos clientes. Ele também nos ajuda a equalizar conhecimentos que já são bastante vivos no setor de tecnologia e agora se expandem a outros segmentos e negócios.

Um excelente livro para quem está querendo aprender mais sobre o assunto e implementar o CX nas empresas onde trabalham ou em seus próprios negócios. As recomendações valem para qualquer tipo de negócio. Eu mesma, com certeza, aplicarei muito dos aprendizados no Banco Safra e no Mezzogiorno, o restaurante da família. Agradeço aos autores o privilégio de ler este livro antes da publicação.

Bia Galloni

Diretora de Marketing, Comunicação
e Sustentabilidade do Banco Safra

INTRODUÇÃO

Ilustração de Caio Oishi

"Toda decisão acertada é proveniente de experiência. E toda experiência é proveniente de uma decisão não acertada"

Albert Einstein (14/3/1879 - 18/4/1955)

Antes de entrarmos a fundo nos capítulos do livro, escritos por oito profissionais experientes do mercado brasileiro, é importante relembrarmos e nos aprofundarmos em alguns conceitos e alguns erros clássicos na grande, e por vezes desencontrada, literatura sobre *Customer Experience*.

Afinal, o que é o *CUSTOMER EXPERIENCE*?

Customer Experience ou Experiência do Cliente nada mais é do que toda a experiência vivenciada pelo cliente ou consumidor nos seus vários pontos de contato com a empresa ou produto. Os pontos de contato podem ser a loja, o *call center*, as redes sociais da marca, enfim, todo lugar, físico ou não, em que há a possibilidade de estabelecer um contato com a marca, o produto ou o serviço. Essa experiência pode ser gerenciada ou simplesmente orgânica, e nesse ponto é que se estabelece uma confusão metodológica e de termos utilizados, encontrados em profusão nas redes e publicações sobre o tema. A técnica ou metodologia de se desenhar e gerenciar a experiência desejada do cliente é o **CEM**, *Customer Experience Management*, **ou simplesmente a Gestão da Experiência do Cliente**.

A Experiência do Cliente em si é composta pelo desempenho objetivo dos produtos e/ou serviços entregues e pelas percepções e emoções que esse desempenho evoca nos clientes. O cliente decide e age com base nessa mistura de critérios racionais e emocionais. Devemos levar ambos em consideração. A Experiência do Cliente, cada vez mais, tem a ver com a recomendação e o boca a boca que ele recebe em sua interação social sobre a marca ou serviço. Todas as facetas desta experiência podem ser analisadas, medidas e aprimoradas por meio dos processos da empresa. As melhores marcas ou serviços de hoje são as que melhor interpretaram e administraram as experiências de seus clientes a partir da perspectiva do desenho da experiência desejada.

A gestão da Experiência do Cliente está total e diretamente ligada ao negócio: uma experiência desenhada e gerenciada traz mais vendas e mais lucros, além de maior fidelização e maior captação de novos clientes. Absolutamente nada se compara a ter milhões de promotores cheios de credibilidade (nossos clientes) vendendo na rua. Estudos mostram que apenas 26% das decisões de compra são influenciadas por anúncios, muito menos do que experiência pessoal ou, no caso de novos clientes, recomendações de pessoas ao seu redor. Uma previsão da Gartner aponta que, em apenas alguns anos, 89% dos negócios irão competir, principalmente, no quesito Experiência do Consumidor. Numa época em que já é possível criar produtos e serviços tão bons quanto os da concorrência, é nas interações com o público que as empresas podem encontrar uma oportunidade para se destacar. Segundo o estudo Customers 2020, a Experiência do Consumidor será considerada como o diferenciador-chave das marcas a partir do ano de 2020, superando os fatores preço e produto. Outro dado interessante é que 86% dos consumidores americanos, segundo a RightNow Technologies, disseram que pagariam até mais por uma melhor experiência com as marcas que compram atualmente.

Como métrica para medir a Experiência do Cliente, o grau em que os consumidores recomendam nossos produtos ou serviços tem se revelado o item mais efetivo da verdadeira medida de adesão, uma adesão transformada em ação.

Mais detalhes veremos ao longo dos próximos capítulos.

Larry Sackiewicz

PARTE I

O 360º DO *CUSTOMER* EXPERIENCE

CUSTOMER EXPERIENCE, SUA IMPORTÂNCIA E SEUS DESAFIOS

por Andréa Naccarati de Mello

O principal objetivo do *Customer Experience* (CX) é garantir que o cliente viva a experiência desenhada pela empresa em todos os pontos de contato com a sua marca, produto e/ou serviço, para surpreendê-lo, satisfazê-lo, conquistar a sua confiança e simpatia e fidelizá-lo no longo prazo.

Experiência do Consumidor (ou cliente, tanto faz) é sobre percepção. Não adianta a empresa criar um engajamento fantástico do cliente nas mídias sociais, por exemplo, publicando conteúdos relevantes, se o atendimento ao cliente é insatisfatório. Não adianta uma navegação excelente no site se a reputação da marca é duvidosa. Uma má experiência pode comprometer a percepção da empresa como um todo, como se fosse um "efeito cascata". Quando cai uma peça, vão caindo todas as outras.

"UMA MÁ EXPERIÊNCIA, NÃO GERENCIADA, PODE COMPROMETER A PERCEPÇÃO DA EMPRESA COMO UM TODO"

Portanto, cada componente do *Customer Experience* tem um papel importante para o sucesso do todo: serviço ao consumidor, loja física, *e-commerce*, Experiência do Usuário (UX), propaganda, propósito e reputação de marca, entrega do produto, etc.

Fonte: Andréa Naccarati de Mello

Investimento em gerenciamento do *Customer Experience* traz retorno financeiro efetivo para a empresa, diferente do que muitas organizações ainda pensam.

Um estudo da Capgemini's Digital Transformation Institute mostra que 81% dos consumidores estariam dispostos a gastar mais por melhores experiências.

EXPERIÊNCIAS QUE DEIXAM MARCAS (CX)

PORCENTAGEM DE CONSUMIDORES DISPOSTOS A GASTAR MAIS POR MELHORES EXPERIÊNCIAS (POR SETOR)

- GERAL: 81%
- SERVIÇOS DA INTERNET: 87%
- VAREJO: 86%
- PRODUTOS DE CONSUMO: 81%
- BANCO DE VAREJO: 79%
- UTILIDADES: 73%

Amostragem: 3.372 consumidores - Porcentagens podem não totalizar 100 por conta do arredondamento.
Fonte: Capgemini Digital Transformation Institute; pesquisa Capgemini de experiência executiva de consumidores digitais de fevereiro-março 2017 e pesquisa de consumidor de março 2017

No entanto, essa mesma pesquisa mostra que os consumidores e as empresas estão milhas distantes em termos de Experiência do Cliente. Sério? Sim: 75% das organizações acreditavam ser centradas no cliente, enquanto apenas 30% dos clientes concordaram com isso. Essa pesquisa foi realizada em vários países do mundo em 2017, mas dá uma ideia do desafio que as empresas vêm enfrentando para reduzir a lacuna entre percepção interna e realidade. *Customer Experience* pressupõe entender o cliente de forma individualizada e personalizada e tratá-lo de acordo com suas expectativas.

A Deloitte Digital em seu artigo intitulado *Como o modelo correto de Customer Experience pode pavimentar o caminho para o sucesso futuro das empresas* explica de maneira objetiva por que acredita que CX é tão importante.

1. Empresas que criam experiências únicas para seus clientes podem se **diferenciar da concorrência.**

2. Clientes costumam comentar sobre suas **boas experiências com 9 pessoas,** mas comentam com **16 se a experiência for ruim.**

3. Clientes que têm as **melhores experiências gastam 140% a mais** em comparação com aqueles que têm as experiências ruins e têm **4,5 vezes mais probabilidade de pagar um preço** *premium*. Além disso, clientes que têm uma experiência de alta qualidade têm **3,6 vezes mais probabilidade de comprar produtos adicionais e serviços** de uma marca.

4. Os clientes que têm uma experiência de alta qualidade têm **2,7 vezes mais probabilidade de continuar fazendo negócios com uma marca.**

Oferecer ótimas experiências **reduz o custo para atender clientes em até 33%**. As recomendações trazem **novos clientes com custo zero de aquisição** no que se relaciona ao marketing.

"Customer Experience is the new brand"

("Experiência do Consumidor é a nova marca")
Shep Hyken

A Zendesk, Inc. realizou uma pesquisa em parceria com o Enterprise Strategy Group (ESG) e descobriu que há uma ligação clara entre organizações com recursos de Experiência do Cliente mais maduros e maior sucesso nos negócios em áreas como participação de mercado e aumento do gasto do cliente.

No entanto, existem muitos desafios para a implementação do *Customer Experience* com excelência, sempre com o objetivo de obter resultados sustentáveis para o negócio. Esses desafios passam pela cultura da empresa, pelo entendimento da jornada do cliente, etc., tudo com vista ao desenvolvimento da experiência que a empresa deseja que seus clientes tenham. Trataremos mais desse tema por diferentes autores ao longo dos próximos capítulos.

Para finalizar, gostaria de mostrar um *cartoon* que ilustra um pouco dos desafios do CX dentro das organizações.

Fonte: Andréa Naccarati de Mello

MARKETING E O CONSUMIDOR CONECTADO. O DESAFIO

por Andréa Naccarati de Mello

Não poderíamos dar continuidade ao tema Experiência do Consumidor (ou cliente) sem falar dos desafios do marketing e das marcas perante um consumidor empoderado, que decide o que deseja ver em termos de propaganda e com quais marcas quer interagir, etc. A era do consumidor passivo já se foi há muito tempo, como todos já sabem, e criar experiências memoráveis para essas pessoas passa efetivamente por entender o contexto geral do marketing. Por isso, a PARTE I deste livro se dedica um pouco a isso. Vamos lá, então?

Fazer marketing nunca foi fácil (apesar de assim parecer para quem vê de fora) porque, para se fazer com excelência, é preciso entender o consumidor a fundo, sentir suas "dores", como hoje está na moda falar, e extrair *insights* relevantes que o conectem à marca.

Hoje, no entanto, ficou ainda mais difícil fazer marketing porque o protagonismo da interação marca/consumidor está nas mãos do consumidor conectado e não mais nas mãos das marcas. Isso ocorreu devido à mudança dramática que se verificou no comportamento do consumidor nas últimas duas décadas, como conse-

quência da maior disponibilidade de tecnologia, internet e mídias sociais. Além disso, o consumidor está mais consciente da realidade do mundo e das suas injustiças e, cansado de ficar calado, quer se manifestar e cobrar também das marcas posições de empatia, diversidade e inclusão, por exemplo.

A globalização também impactou a mudança de comportamento do consumidor, uma vez que ele tem acesso a tudo o que acontece no mundo, em tempo real. Ele não tem somente acesso aos fatos, mas também às opiniões de pessoas do mundo todo e consegue expor seu pensamento e participar de uma conversa global, quando isso é do seu interesse.

Michael Solomon, em *O Comportamento do Consumidor, Comprando, Possuindo e Sendo* (2016), defende que há uma emergente Cultura de Participação que reforça valores sociais como liberdade, democracia, ética e cidadania. Assim, tal cultura mobiliza os indivíduos em torno de fatos para os quais eles normalmente não dariam maior importância, o que os torna consumidores mais exigentes e mais críticos.

Com isso, nunca os valores dos consumidores pesaram tanto no momento da escolha de uma marca/produto. A compra motivada pela conexão emocional com a marca substitui a compra racional por inércia e faz com que os consumidores tenham bem claros os tipos de produtos e de serviços que buscam e os que desejam evitar.

Uma marca sem propósito, sem clareza da sua razão de existir, não tem chance de se conectar com esse consumidor e consequentemente gerar simpatia, confiança e fidelidade para um negócio sustentável no longo prazo. Consumidores querem sim saber em que a marca acredita, as causas que apoia, o bem que faz para as pessoas e para a sociedade em benefício de um mundo melhor, mais humano e com menos diferenças, etc.

Tudo isso é muito emocional, até mesmo espiritual, e desafia muitas empresas que ainda nos dias de hoje praticam o marketing voltado ao produto. Percebe a desconexão?

Se voltarmos no tempo, tínhamos o marketing centrado no produto, que evoluiu para o marketing voltado para o consumidor, que depois se voltou para os valores desse consumidor. Em seguida, veio a mudança do marketing tradicional para o digital, agora na sua versão mais moderna usando a tecnologia para atender às necessidades dos seus consumidores e fazer a diferença no mundo. Isso mesmo, segundo Philip Kotler em sua obra *Marketing 5.0: Technology for Humanity*, já estamos no Marketing 5.0 e as empresas precisam parar e refletir em que fase do marketing estão estacionadas para rapidamente entenderem o que precisa ser feito para evoluírem e não perderem conexão e oportunidades de negócio com seus consumidores.

Abraham Maslow mostrou, por meio da sua famosa pirâmide, que a humanidade tem níveis de necessidades que precisam ser supridas e que vão desde as necessidades fisiológicas (alimento, saúde, sono) até as de segurança, sociais, autoestima e autorrealização. Isso todos já sabem, correto?

PIRÂMIDE DA HIERARQUIA DAS NECESSIDADES DE MASLOW

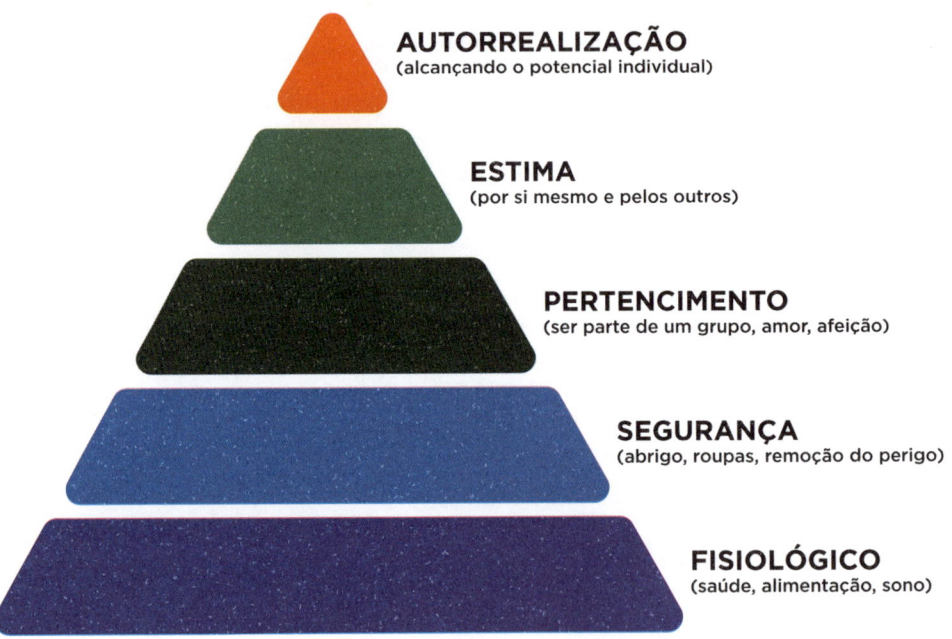

Fonte: Reinterpretação pela autora (Andréa Naccarati de Mello) de ilustração de Kenneth Buddha Jeans

Surpreendentemente, em *Capital Espiritual*, Danah Zohar e Ian Marshall revelaram que Maslow antes de morrer confidenciou que acreditava que a sua pirâmide deveria ser invertida, colocando a autorrealização como necessidade primária de todos os seres humanos.

"NUNCA OS VALORES DOS CONSUMIDORES PESARAM TANTO NO MOMENTO DA ESCOLHA DE UMA MARCA OU PRODUTO"

Como resultado dessa crescente tendência da sociedade, os consumidores não estão apenas buscando produtos e serviços que satisfaçam suas necessidades, mas também experiências que toquem o seu lado espiritual. Proporcionar significado é a futura proposição de valor do marketing segundo Philip Kotler em *Marketing 3.0*. E isso, ele já falava há dez anos.

O fator influência, que já tinha a sua importância no boca a boca, agora está totalmente amplificado e facilitado pelas mídias sociais onde as pessoas curtem, constroem e destroem a reputação das marcas. É o empoderamento do consumidor, para o bem e para o mal das marcas, mas com muita transparência, se isso serve de consolo.

> **É o empoderamento do consumidor, ...**

Isso torna fundamental a participação efetiva das marcas nas conversas a seu respeito nas mídias sociais, com o objetivo de agir quando necessário, proteger a sua reputação e, consequentemente, o seu negócio.

Colocar o consumidor como prioridade, no centro de toda a atenção da empresa, não é mais diferencial, é princípio básico. E isso deve acontecer não somente no momento da efetivação da compra, mas antes, durante e depois, porque comprar e recomprar é um processo contínuo que só irá se repetir se a experiência desse consumidor com a marca for no mínimo satisfatória ou, melhor ainda, se for memorável. Isso é o *Customer Experience* (CX) que vamos desenvolver melhor ao longo deste livro, por meio da contribuição de diferentes profissionais do mercado brasileiro.

03

MARCAS COM PROPÓSITO FAZEM A DIFERENÇA

por Andréa Naccarati de Mello

Você pode estar se perguntando o que o propósito de marca tem a ver com *Customer Experience* (CX). A resposta é: tudo.

A Experiência do Consumidor (cliente) começa muito antes dele pensar em comprar uma marca/produto. Começa das experiências que ele tem com a marca por meio dos seus conteúdos de comunicação, dos artigos que ele lê ou ouve na mídia sobre ela, no boca a boca, etc., meios pelos quais o consumidor conhece o propósito, o porquê da marca existir.

Diagrama circular com oito segmentos em torno de "CX": SERVIÇO AO CONSUMIDOR, LOJA FÍSICA / E-COMMERCE, PREÇO JUSTO, ENTREGA DO PRODUTO, EXPERIÊNCIA DO USUÁRIO (UX), PROPÓSITO DA MARCA, REPUTAÇÃO DA MARCA, PROPAGANDA, PROCESSO DE VENDAS.

Fonte: Andréa Naccarati de Mello

"O propósito é uma força tão forte quanto a gravidade, mas em vez de puxar as coisas para baixo, empurra-as para frente." - Joey Reiman, em *The Story of Purpose, cap. 14 – A World on Purpose.*

Marcas com propósito querem criar um impacto positivo no mundo, são críveis porque possuem credenciais que suportam sua causa, e com isso atraem indivíduos, comunidades que também querem viver essa história. História única que nenhum concorrente conseguirá copiar, por mais que se esforce.

Simon Sinek criou um modelo que ele chama *The Golden Circle*, ou Círculo Dourado, para explicar como líderes lendários como Steve Jobs, Martin Luther King Jr. e os irmãos Wright foram capazes de alcançar o que outros não conseguiram. O modelo foca em três elementos: POR QUÊ?, COMO? e O QUÊ?, nessa ordem e de dentro para fora.

MARCAS COM PROPÓSITO FAZEM A DIFERENÇA

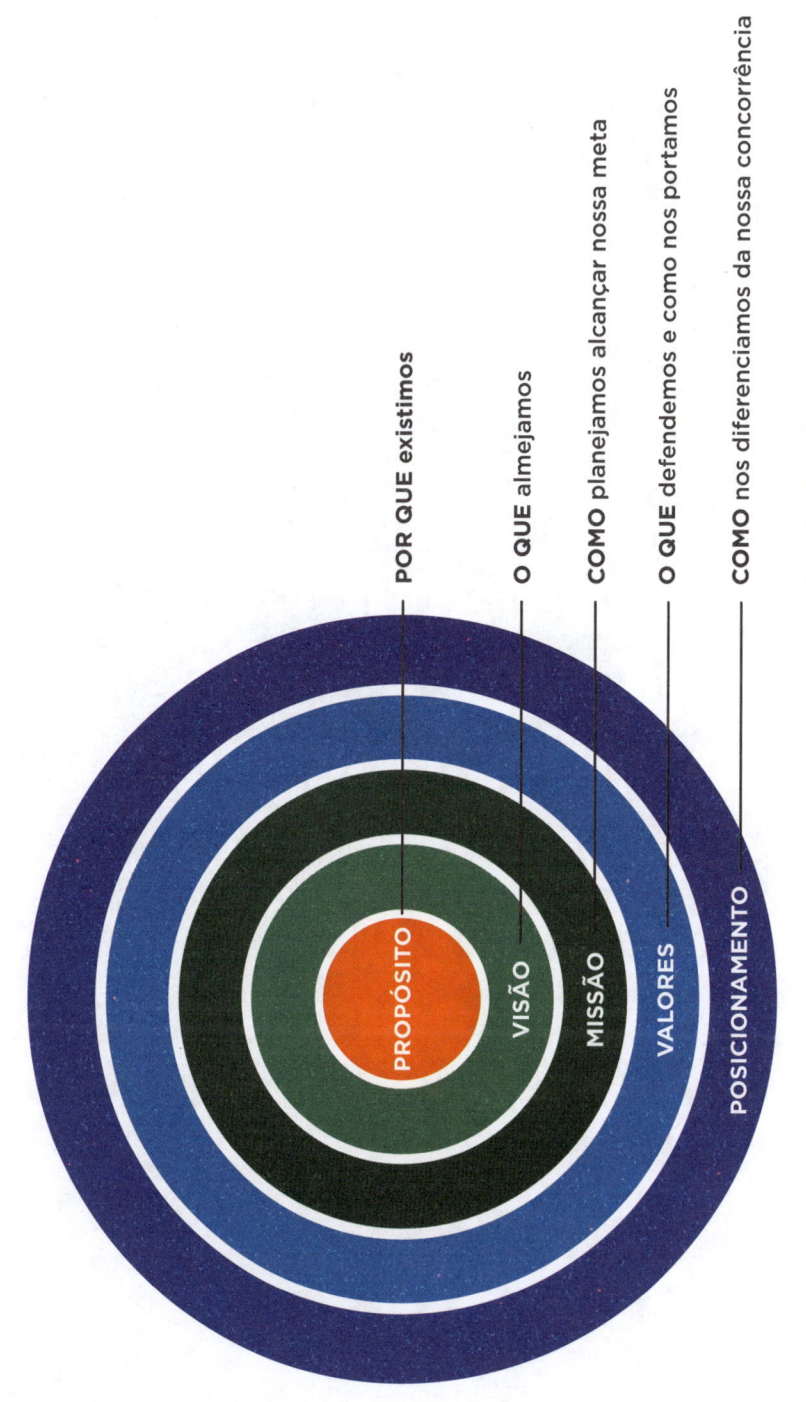

- **POR QUE** existimos — PROPÓSITO
- **O QUE** almejamos — VISÃO
- **COMO** planejamos alcançar nossa meta — MISSÃO
- **O QUE** defendemos e como nos portamos — VALORES
- **COMO** nos diferenciamos da nossa concorrência — POSICIONAMENTO

Fonte: Brand New Purpose

"O PROPÓSITO É UMA FORÇA TÃO FORTE QUANTO A GRAVIDADE, MAS EM VEZ DE PUXAR AS COISAS PARA BAIXO, EMPURRA-AS PARA FRENTE"

Joey Reiman, em The Story of Purpose.

POR QUÊ?

COMO?

O QUÊ?

Fonte: @simonsinek.com

É realmente muito inspirador quando líderes, ou marcas, começam seu discurso falando do porquê eles fazem o que fazem, em vez de começar falando o que eles vendem. Inicia-se, assim, do emocional, do espiritual para o racional, e não o inverso. Isso é transformador.

Simon Sinek dá o seguinte exemplo do discurso da Apple:

- "Tudo o que fazemos, nós fazemos pensando em desafiar o *status quo*. Nós acreditamos que pensar diferente faz toda a diferença. *(WHY)*

- A maneira que encontramos para fazer isso foi criando produtos fáceis de usar, com *design* único e simples. *(HOW)*

- É somente dessa forma que surgem os melhores computadores do mundo. *(WHAT)* Quer comprar um?"

Só ouvindo a primeira frase já ficamos encantados e nos conectamos com a marca de uma maneira muito positiva.

As pessoas não compram o que a marca faz, mas suas crenças. E quando as marcas falam no que elas acreditam, atraem pessoas que acreditam em coisas similares. Aí, ocorre a conexão.

Construir o propósito de uma marca não é tarefa fácil, mas extremamente compensador quando se chega a um resultado que é relevante e mobilizador. O PROPÓSITO DE MARCA sai do ponto de intersecção entre O QUE O MUNDO PRECISA, AQUILO EM QUE A MARCA É BOA/SE DESTACA e PELO QUE ELA É APAIXONADA.

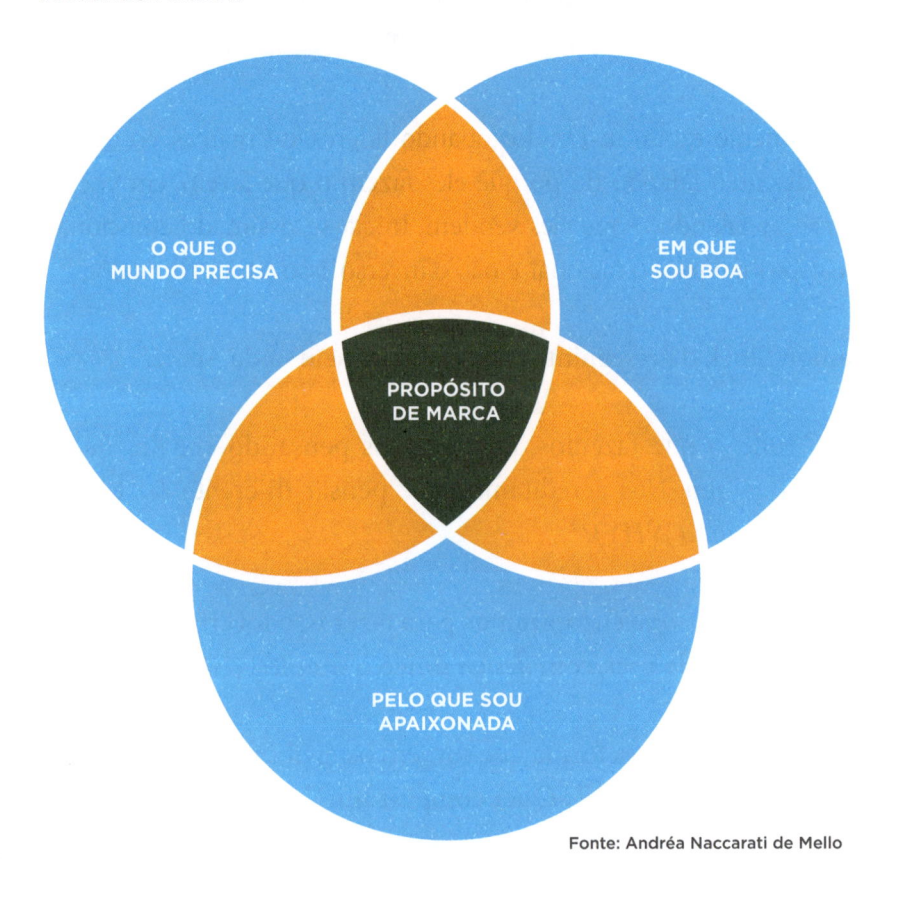

Fonte: Andréa Naccarati de Mello

Vou dar um exemplo de propósito de marca para ilustrar. Trata-se de uma marca de produtos de limpeza da Unilever, Cif[1].

"Restaurando a beleza para restaurar o bem-estar.

Em um mundo que não leva a beleza de onde vivemos a sério, o propósito da marca Cif é restaurar a beleza das casas e dos bairros, porque isso tem um efeito positivo no bem-estar das pessoas que servimos, fazendo com que se sintam mais positivas, mais confiantes em seu ambiente e mais envolvidas com suas comunidades.

Com um número crescente de pessoas se mudando para viver em cidades em todo o mundo, a marca Cif se alinhou com o Objetivo de Desenvolvimento Sustentável 11 da ONU – Cidades e Comunidades Sustentáveis, incentivando as comunidades locais a fazer uso de suas áreas comuns públicas e embelezando os espaços que caíram na decadência urbana.

Para dar vida a isso, a marca Cif tem lançado campanhas com o propósito de 'Cif limpa' há mais de 4 anos, restaurando a beleza dos espaços públicos e melhorando o bem-estar individual e comunitário."

Propósito sem ação real e concreta é apenas uma frase ao vento. Para ter relevância e credibilidade, a marca precisa concretizar o que fala, respirar o que fala, exercer o *Walk the talk*. E Cif tem feito isso bem ao longo dos anos em alguns países, dentre eles a Romênia. Para quem quiser pesquisar, o *case* vale a pena (*"Cif cleans Romania"*, 2015).

---

1. Site global Unilever. Acesso em 17 de janeiro de 2021.

Outro exemplo icônico de propósito claro e relevante é o de Dove.

"Dove acredita que a beleza não é unidimensional; não é definida pela sua idade, a forma ou tamanho do seu corpo, a cor da sua pele ou o seu cabelo. A beleza está em todos nós, quando somos nossa melhor versão – de forma autêntica, única e real. Convidamos todas as mulheres a perceberem sua beleza real, entregando produtos que ofereçam cuidado superior."[2]

E claro, o *Walk the talk* de Dove é alinhado com seu propósito de marca por meio do *Dove Self-Esteem Project* (DSEP), lançado em 2004 globalmente, e outros. Já alcançaram mais de 20 milhões de jovens em 139 países e estavam comprometidos a atingir mais 20 milhões até 2020.

Propósito relevante, executado por meio do *Walk the talk* da marca, com consistência e continuidade. Excelente início da Experiência do Consumidor (CX) com a marca.

---

2. Site global Unilever. Acesso em 17 de janeiro 2021.

"CONSTRUIR O PROPÓSITO DE UMA MARCA NÃO É TAREFA FÁCIL, MAS EXTREMAMENTE COMPENSADOR QUANDO SE CHEGA A UM RESULTADO QUE É RELEVANTE E MOBILIZADOR"

04

REPUTAÇÃO DA MARCA TAMBÉM FAZ PARTE DO *CUSTOMER EXPERIENCE*

por Andréa Naccarati de Mello

O *Customer Experience* (CX) é a somatória de todas as interações que o cliente tem com a empresa/marca. **Todas essas interações colocam a figura do cliente no centro da jornada de produto ou serviço.** A representação do CX seria mais ou menos a ilustrada na figura a seguir, como já indicado nos capítulos anteriores. E a reputação de marca faz parte desse contexto.

EXPERIÊNCIAS QUE DEIXAM MARCAS (CX)

Fonte: Andréa Naccarati de Mello

(Diagrama CX: Serviço ao Consumidor; Loja Física / E-commerce; Preço Justo; Entrega do Produto; Experiência do Usuário (UX); Propósito da Marca; Reputação da Marca; Propaganda; Processo de Vendas)

O que adianta o consumidor ter uma experiência fantástica no momento da compra do produto, ou no momento da entrega do produto, ou quando precisa usar o *Customer Service*, se a reputação da marca é ruim, se não se pode confiar nela? Sem reputação positiva, todas as experiências positivas do consumidor perdem relevância e credibilidade.

Mas o que é reputação? É credibilidade, é confiança e é responsabilidade. É a habilidade de a marca cumprir suas promessas gerando conexão emocional e conquistando a confiança das pessoas.

Segundo o dicionário Oxford: "... as crenças ou opiniões que geralmente são mantidas sobre alguém ou algo".

Conforme a publicação *10 maneiras simples de melhorar a sua reputação*, de Darrah Brustein, fundadora da Network Under 40, na Forbes em janeiro de 2014:

Suas ações + o que os outros dizem sobre você = sua reputação

Para se construir uma reputação (e mantê-la positiva) é preciso mostrar a história da marca e não apenas contá-la. Ações falam mais que palavras.

Podemos dizer que a reputação corporativa possui cinco aspectos importantes[1]:

1. É intangível, portanto tem o fator emocional preponderante.
2. É uma "representação da percepção coletiva" compartilhada pelas pessoas, portanto, não é a opinião de um indivíduo isoladamente.
3. É considerada no contexto competitivo, não existe sozinha (exemplo Volkswagen *vs* Honda).
4. É a maneira pela qual as pessoas que sabem pouco sobre uma empresa/marca decidem confiar, ou não, nela. (Infelizmente!)
5. É baseada no comportamento, na comunicação e nos relacionamentos da empresa/marca. Todas as ações e os movimentos da marca contam.

Hoje, mais do que nunca, temos de pensar sobre a gestão da reputação. Com o advento da internet, das mídias sociais e dos consumidores conectados e se expressando livremente, o desafio das marcas para manter sua reputação aumentou extraordinariamente. Não só pelo fato das reclamações/comentários/opiniões sobre a marca se

1. Reputation Management in a Digital World, Curtin University, MKT2X, EDX.

amplificarem instantaneamente, mas pelo tempo de resposta da empresa, que encurtou consideravelmente. Isso é um tremendo desafio. Responder rápido e bem!

A cultura participativa que a internet e as mídias sociais inspiram permite que o público participe da construção da reputação de uma marca, mas há riscos a serem considerados.

Para se gerenciar a reputação de uma marca é necessária uma vigília constante: medir, monitorar, responder, reagir, interagir e proteger. E estar preparado para a velocidade que os consumidores conectados exigem de você. Não existe reputação *online* e *off-line*, portanto, cuidar das duas é fundamental para não destruir todo o esforço da empresa na geração das demais experiências memoráveis para os consumidores, no sentido de criar fidelidade como fruto de um relacionamento construído.

Fonte: @curtinuniversity

"PARA SE CONSTRUIR UMA REPUTAÇÃO (E MANTÊ-LA POSITIVA) É PRECISO MOSTRAR A HISTÓRIA DA MARCA E NÃO APENAS CONTÁ-LA. AÇÕES FALAM MAIS QUE PALAVRAS"

05

USABILIDADE E *DESIGN* DA EXPERIÊNCIA DO USUÁRIO

por Luiz Carlos Corrêa

O termo UX significa *User Experience*, ou Experiência do Usuário em português, e foi utilizado pela primeira vez por Donald Norman na década de 1990. Norman trabalhava na Apple e dizia que era um arquiteto da Experiência do Usuário, projetava experiências.

Mas o que é UX? UX é o conjunto de elementos e fatores relativos à interação do usuário com um determinado produto, sistema ou serviço, cujo resultado gera uma experiência positiva ou negativa para ele.

UX faz parte do CX e a experiência oferecida para os usuários não pode falhar para não impactar negativamente as experiências geradas pelas outras frentes.

Fonte: Andréa Naccarati de Mello

UX teve início a partir do momento em que o mercado começou a prestar atenção no nível de satisfação dos clientes com os seus produtos, até se tornar algo tão personalizado, e ao mesmo tempo amplo, que só pode ser medido por um planejamento multidisciplinar que envolve áreas como *design*, marketing, estatísticas, entre outras. Na prática, hoje, UX é responsável por melhorar a experiência de uso ou de qualquer processo que envolva uma marca e seus clientes.

Como isso se aplica ao cotidiano? Quando você abre um *site* pelo celular, visita uma loja física ou virtual pela primeira vez ou quando compra algo, você está protagonizando uma experiência com a marca. Em cada momento em que é necessário passar por todas as etapas de um processo de compra, consumo ou aprendizado com uma marca, o cliente vive uma experiência. E se esse momento não for bom, ele desiste.

A lógica é a mesma para quem entra em uma loja física e não é bem atendido ou quando o local não corresponde à propaganda. É preciso que toda a comunicação esteja alinhada e sempre facilitando o acesso e a compreensão do cliente sobre o que ele precisa encontrar.

Um *site* que demora a carregar, um *design* que não é atrativo ou condizente com a marca, o carrinho de compras que não finaliza ou a falta de um canal de comunicação com o internauta são alguns pontos que podem tornar breve a relação com uma empresa.

Empresas que adotam o conceito UX amenizam essas falhas e tornam mais eficiente o ciclo de compra do cliente.

Criou um *site*? Então tenha certeza de que ele é responsivo, ou seja, o projeto se adaptará ao formato de *mobile*, seja ele um celular, *tablet* ou outro aparelho. E que a arquitetura da informação seja bem resolvida, para que o conteúdo se distribua de forma agradável e eficiente.

É um aplicativo? Tenha certeza de que ele é um facilitador para o seu objetivo, com usabilidades e funcionalidades na medida certa para garantir a eficiência dessa ferramenta. E ainda que possa ser acessado em qualquer sistema operacional, como Android e iOS.

De acordo com o Google[1], que atualmente está à frente na produção de análises sobre o comportamento dos consumidores, que utilizam sua plataforma para encontrar milhões de temas a cada segundo, UX tem sido uma estratégia cada vez mais necessária em qualquer planejamento de marketing de uma empresa.

Em seu *site* oficial, dedicado aos estudos da área, a plataforma Google[1] afirma que 61% dos usuários tendem a deixar a página se ela não oferecer uma experiência móvel boa.

---

1. UX - A experiência do usuário. *Thinking with Google*. Acessado em 9 de dezembro de 2020. <https://www.thinkwithgoogle.com/intl/pt-br/estrategias-de-marketing/apps-e-mobile/ux-user-experience/>

- 61% de potenciais clientes desistem;
- 61% de possíveis vendas perdidas;
- 61% de metas deixam de existir.

Outro exemplo vem da Amazon[2]. Em suas pesquisas sobre UX, a empresa compreendeu que, a cada décimo de segundo que uma página demora a abrir no celular, as vendas caem 1%.

As pessoas querem se sentir bem e com fácil acesso ao que procuram nos *sites*. Nesse processo, o *design* é um grande aliado, pois é justamente ele o responsável por moldar os caminhos que serão trilhados durante a jornada de compra, bem como pela imagem do produto e até mesmo pela disposição do *site*. Todos esses elementos devem levar em consideração as cores, os formatos e a organização de informações, de maneira que facilitem a compreensão do que se deseja comunicar.

O tempo e a objetividade podem ser grandes aliados quando se compreende o nicho de mercado e também a necessidade do público. No entanto, é necessário também saber se comunicar com essas pessoas. Mesmo com o melhor produto em oferta, se não houver um caminho que conecte o usuário a ele, o resultado será negativo.

Essa comunicação ocorre quando a marca decide se relacionar com o seu cliente. Ela precisa falar a mesma língua, abraçar os conceitos e entender as gerações que deseja alcançar. Essas premissas precisam estar presentes na loja física, na comunicação da marca, em seus colaboradores e em todas as formas de atendimento.

Para alcançar esse objetivo, é necessário pensar em diversos fatores, como, por exemplo, o projeto de identidade visual e a tipografia que ajudam a identificar a marca em seus diversos pontos de contato, bem como a produção de conteúdo que deve ser relevante, atrativo e com o discurso integrado em todas as plataformas.

2. UX - A experiência do usuário. *Thinking with Google*. Acessado em 9 de dezembro de 2020. < https://www.thinkwithgoogle.com/intl/pt-br/estrategias-de-marketing/apps-e-mobile/ux-user-experience/>

"UX É RESPONSÁVEL POR MELHORAR A EXPERIÊNCIA DE USO, OU DE QUALQUER PROCESSO, QUE ENVOLVA UMA MARCA E SEUS CLIENTES"

FUNDAMENTOS DO UX

Fonte: *The Fundamental Concepts of Good UX.* @medium.com

No entanto, não tem como se pensar em Experiência do Usuário se você não entender quem ele é realmente, como ele usa o seu produto, onde, para que, por que, como acontece sua jornada, etc. Para isso, existem metodologias de pesquisa e outras maneiras de se chegar à *persona* do seu projeto de UX. Essa é a base para o sucesso do UX.

Assim, a empresa deve apoiar as mesmas bandeiras que seus consumidores, com o objetivo de mantê-los próximos também pelo elo de empatia e confiança, e não apenas pelo produto, preço ou prazo de entrega.

Cada vez mais as lojas criam personas para se relacionar com seus seguidores, enquanto CEOs tomam a frente para dialogar e se posicionar em relação à sociedade. Com o mesmo objetivo, as lojas se tornam a sede de todo o posicionamento dessas empresas junto a seus clientes.

Para ilustrar esse contexto, aqui vão algumas dicas que podem ajudar na experiência do seu cliente quando ele estiver utilizando qualquer uma das suas plataformas:

- Seja claro em seu *call to action*: o que você quer vender?

- Não obrigue o cliente a criar cadastros para encontrar o que ele deseja.

- Crie uma ferramenta de busca eficiente.

- Teste o seu site com frequência.

- Faça do *design* uma forma de deixar o seu cliente ainda mais confortável.

- Incentive o compartilhamento de qualquer informação que o seu cliente ache relevante. Estamos falando do botão "compartilhar".

- O excesso de promoção confunde e afasta do principal objetivo.

Não se trata apenas de compra e venda, mas de saber ouvir e se relacionar com o público.

Não restam dúvidas de que, com a aplicação desses conceitos, a Experiência do Cliente vai alcançar um novo patamar e ajudará as empresas a conquistar de maneira efetiva o seu público.

E UX tem suas métricas e KPIs definidos para se monitorar a Experiência do Usuário, onde quer que ele esteja interagindo com a empresa, o produto ou o serviço, até mesmo em um restaurante, por exemplo. Alguns exemplos: NPS[3], *success rate, error rate, abandonment rate*, etc.

---

3. *NET PROMOTER SCORE*: métrica que mede a propensão à recomendação das empresas pelos clientes.

06

A EXPERIÊNCIA DO *E-COMMERCE*

por Fábio Dias Monteiro

Conforme os capítulos anteriores descreveram, nós aprendemos que já existem inúmeros argumentos, pesquisas e estudos que comprovam que as boas experiências geradas com o consumidor aumentam consideravelmente os resultados financeiros e a fidelização da marca.

EXPERIÊNCIAS QUE DEIXAM MARCAS (CX)

Diagrama CX com os componentes: SERVIÇO AO CONSUMIDOR, LOJA FÍSICA / E-COMMERCE, PREÇO JUSTO, ENTREGA DO PRODUTO, EXPERIÊNCIA DO USUÁRIO (UX), PROPÓSITO DA MARCA, REPUTAÇÃO DA MARCA, PROPAGANDA, PROCESSO DE VENDAS.

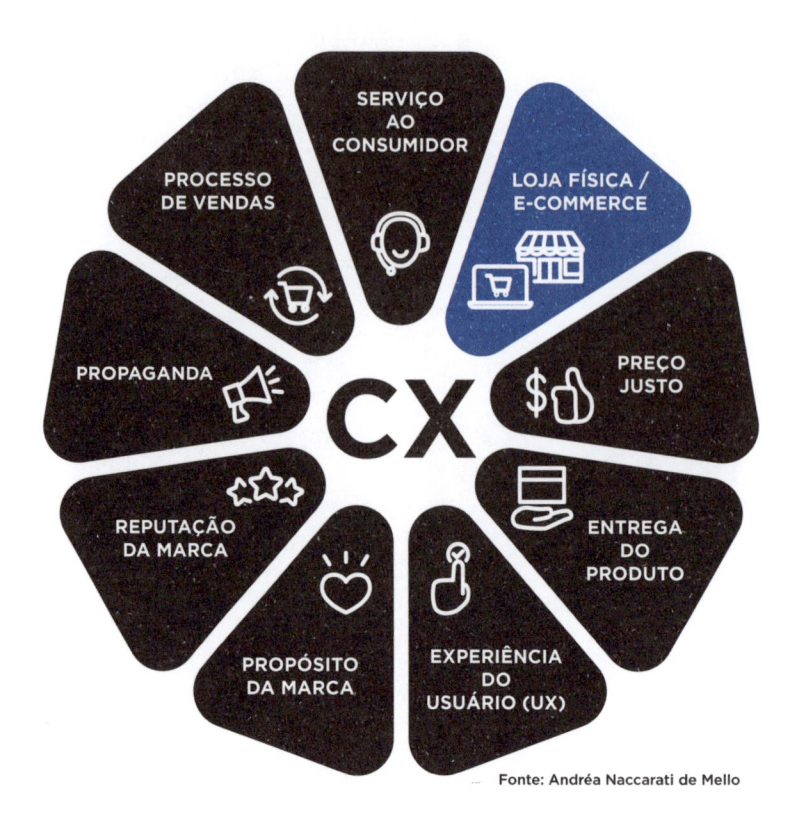

Fonte: Andréa Naccarati de Mello

Mas como transformar o seu *e-commerce*, aquela loja virtual e distante, muitas vezes com atendimentos puramente digitais (sem o calor humano) em um instrumento de relacionamento que gere satisfação e fidelização de clientes?

Tentamos aqui reunir uma série de fatores determinantes de sucesso (ou fracasso) no relacionamento virtual que foram observados em inúmeros projetos de *e-commerce* já implantados em diversos segmentos (vestuário, calçados, supermercados, óticas, farmácias, alimentação, restaurantes, indústrias diversas, entre outros).

Lembrando sempre que cada segmento tem a sua particularidade, ou seja, a sua forma de se relacionar ou mesmo formas diferentes de entregar o valor do produto ou do serviço oferecido nas mais diversas localidades deste imenso país.

Dessa forma, criamos uma visão de apuro técnico com os cinco principais tópicos que ajudam na estruturação de seu *e-commerce* e na obtenção de uma melhor Experiência do Consumidor.

Vamos lá?

Tópico 1

Explique detalhadamente o que você deseja vender pelo *e-commerce*.

Não importa se é um produto ou um serviço. Tenha em mente que o seu relacionamento com o consumidor será feito de maneira virtual na maior parte do tempo e que isso implica diretamente nos detalhes da comunicação.

Na maior parte do tempo as pessoas ficam olhando imagens, buscando informações, procurando referências sobre a empresa, o produto, o vendedor, a entrega, o preço, as condições de compra, etc.

Isso implica em ter muito cuidado com a descrição detalhada do seu produto e com a utilização de imagens minuciosas no que se relaciona ao que precisa ser mostrado.

Por exemplo: em uma loja *online* de calçados é necessário mostrar fotos dos calçados de frente, de lado, do solado, de um detalhe de costura ou fivela. São ao menos quatro fotos por produto, e muitas vezes não existe o menor cuidado com a produção fotográfica.

Também podemos afirmar que a maior parte das escolhas é feita com o apelo visual, considerando as imagens nos buscadores e redes sociais como Google Shopping, Instagram, WhatsApp e nos Marketplaces. Esse dado sobre o apelo visual reforça a necessidade dos cuidados com a produção de fotos e apresentação de cada produto.

Precisamos ainda citar o tipo de material com o qual foi fabricado o produto (sintético, couro bovino, caprino, ...), dar dicas de uso e conservação, falar na grade de numeração disponível, citar as cores disponíveis (preto, marrom, café, branco, ...) e muitas vezes enaltecer os detalhes (tamanho do salto, uso recomendado, situações adversas – por exemplo, como usar ou limpar um calçado de *nobuck*), etc.

Tópico 2

Defina a amplitude da sua entrega em termos geográficos e aperfeiçoe a interação digital.

Sua empresa é local? Você tem interesse e condições de vender em todo o Brasil? Tem poucas lojas, muitas lojas, nenhuma loja? Você pode exportar?

Um erro bem comum em empresas físicas que desejam ir para o mundo virtual é não pensar na entrega de forma integral. Pense em como o seu produto vai chegar às mãos do consumidor. Você tem margem no seu produto para absorver um frete grátis, tem a embalagem necessária para proteger corretamente o seu produto para uma entrega longa e distante? Tem parceiros de entrega para efetuar fretes bons e competitivos?

Faça sempre a pergunta e a conta: vale a pena entregar em regiões remotas do Brasil? Qualquer troca de produto pode implicar em uma logística reversa, em outras palavras, se você oferecer o frete grátis e o consumidor devolver o produto por qualquer motivo pertinente, a sua despesa com o frete, a embalagem e a troca vai mais do que dobrar nessa venda.

Outro conceito importante, e que deveria estar presente na mente dos executivos e empresários do setor varejista, é o *phygital*, que é a interseção entre o mundo físico e o mundo virtual.

Muitas empresas estão aplicando os conceitos digitais ao meio físico, sempre pensando em melhorar a Experiência do Cliente. Exemplos disso são:

- O aumento dos caixas inteligentes nas lojas de departamentos (evitando filas).
- A compra online no *site* e *apps* com retirada nas lojas físicas ou parceiros locais.
- Lojas conceituais com tecnologias de etiquetas inteligentes, onde o consumidor entra no ambiente, escolhe o produto e faz o pagamento por aproximação ou automatizado, sem nenhuma interação humana.

Tópico 3

Os canais de atendimento estão abertos e amplamente divulgados?

Pense como um consumidor o tempo todo. Não existe situação pior do que não ter onde se expressar. Pode ser uma reclamação, um elogio, uma importante sugestão. As empresas que não ampliarem seus canais de comunicação com os clientes de *e-commerce* tendem a aparecer nas listas de Procon e Reclame Aqui, ou pior: podem ser alvos de reclamações públicas em redes sociais.

Você não pode evitar as reclamações e críticas, mas pode (e deve) criar os canais apropriados para ouvir e responder educadamente a essas reclamações. Você pode pensar que esse processo encarece seus custos operacionais de atendimento, não é? Mas pense que, quando você cria um canal de atendimento profissional, os ganhos podem ser de:

- Entendimento dos defeitos dos produtos, o que o ajuda a fabricar melhor ou negociar melhores condições com seus fornecedores.
- Entendimento das principais reclamações, o que possibilita, muitas vezes, a rápida correção do rumo do atendimento da sua empresa (inclusive nas lojas físicas).

- Diminuição da exposição negativa da sua marca na internet (redução das ocorrências de Procon e Reclame Aqui).
- Criação de um banco de dados de perguntas e respostas mais frequentes (FAQs) que podem ser automatizadas em várias plataformas de *e-commerce* existentes (os *bots*).

E para os múltiplos canais de atendimento (*e-mail*, telefone, *chats*, Messenger, WhatsApp) existem soluções *Omnichannel*, que você vai conhecer melhor mais adiante neste livro.

Sempre que possível monitore a sua empresa (e a dos seus concorrentes) no Reclame Aqui, Google Meu Negócio, Facebook, TripAdvisor, etc. – são indicadores de satisfação gratuitos e muito interessantes.

Tópico 4

Observe as condições de preço e meios de pagamento disponíveis.

Não perca vendas! Procure estender ao máximo os meios de pagamento, mas sem perder a lucratividade.

Hoje em dia existem muitas plataformas de *e-commerce* que já estão integradas com sistemas de pagamento, bancos digitais, cartões de crédito e débito, boletos, etc.

Mas lembre-se: o consumidor é que deveria decidir como quer pagar.

Por exemplo: existem muitos restaurantes que trabalham com o *delivery* no iFood e que aceitam quaisquer cartões, até Ticket Alimentação, mas dinheiro vivo, não. Será que isso afasta alguns consumidores?

Observe seus concorrentes no ambiente virtual. Muitos oferecem descontos generosos para pagamentos à vista no boleto. Em quantas vezes eles parcelam? Sua loja virtual está alinhada com os preços e as parcelas da sua loja física? Fique de olho nas taxas cobradas pelas empresas de meio de pagamento. O consumidor virtual percebe tudo e está a um clique do concorrente.

Tópico 5

Seja transparente, ético e gentil em suas ações.

Siga a legislação vigente, abra uma empresa com o CNAE correto para efetuar um *e-commerce*, coloque no rodapé da sua loja virtual o nome, o CNPJ e o endereço do seu estabelecimento. Deixe claro quem você é e quais os valores da sua empresa.

Se você for capturar informações dos clientes para efeito de cadastro, compra/venda, *newsletter* ou quaisquer comunicações com os consumidores, esclareça a finalidade de se manter uma base de dados na sua empresa, explique por que você armazena os dados e como você guarda as informações, defenda o uso correto dos dados armazenados, cuide da confidencialidade e da segurança das informações capturadas.

"ESTEJA ATENTO AOS PROCEDIMENTOS E ÀS ETAPAS DE COMUNICAÇÃO DA COMPRA NA JORNADA DO CLIENTE"

Lembre-se de que no Brasil existe uma Lei Geral de Proteção de Dados (LGPD) que já está em vigor e prevê penalidades para quem não fizer o uso correto dos dados dos clientes.

Esteja atento aos procedimentos e às etapas de comunicação da compra na jornada do cliente. Você agradece e informa que o cadastro na loja foi feito com sucesso? Você orienta quando uma compra foi concluída ou ficou pendente? Informa quando o produto foi embarcado ou quando chegou? Pesquisa a satisfação do cliente com a qualidade do produto adquirido após a venda? Fideliza o cliente quando se estabelece uma relação de confiança mútua na primeira compra?

Observando esses tópicos e aprofundando o conhecimento sobre o seu público-alvo, seus concorrentes e a plataforma de *e-commerce* escolhida, suas chances de sucesso serão maiores.

07

MAPEANDO A JORNADA DO CLIENTE

por André Luiz Camacho da Silveira

Você pode ter começado seu programa de *Customer Experience* com uma equipe de analistas examinando pesquisas de NPS (*Net Promoter Score*), métrica que mede a propensão à recomendação das empresas pelos clientes) e dados financeiros, e chegou à conclusão que vale a pena ter mais promotores e acabar com seus detratores.

As análises revelaram uma série de informações sobre como seus clientes percebem suas experiências com sua empresa, mas você ainda não tem uma imagem completa.

Uma das principais razões de não conseguirmos fazer crescer nossos negócios é o julgamento incorreto que geralmente fazemos de nossos clientes.

Costumamos pensar que o que eles desejam é o que nós gostaríamos de ter, afinal, também somos consumidores.

As organizações costumam adotar com frequência um enfoque exclusivamente quantitativo, buscando resultados que possam ser generalizados ou estatisticamente significativos.

O mapeamento da jornada do cliente representa, em um fluxo de trabalho ou outro formato gráfico, como seu cliente interage com sua empresa à medida que ele recebe um produto ou serviço, o que pode representar a experiência atual e a experiência ideal.

Munidos de dados colhidos a partir de observações e entrevistas, complementadas por pesquisas NPS, transcrições de ligações em sua central de atendimento, ou demais fontes que capturem comportamentos de clientes, equipes multifuncionais registram experiências de grupos de clientes que representem os atributos demográficos de interesse.

Os resultados permitem criar uma visão comum entre diferentes departamentos sobre como os clientes percebem suas experiências, como cada área funcional contribui, positiva ou negativamente, para tornar a vida do cliente melhor, mais rápida e bem-sucedida.

O exercício revela necessidades não atendidas, permite identificar oportunidades de melhoria, além de entender as diferenças entre diversos grupos de clientes.

Histórias verdadeiras são reveladas nas palavras dos próprios clientes, humanizando-os ao capturar altos e baixos emocionais, formando um mapa que provoca a mudança de foco de "o que minha empresa quer" para "o que meus clientes estão buscando alcançar".

O mapeamento da jornada do cliente alinha a organização e derruba silos ao colaborar no alcance do consenso e trazer foco e coerência à estratégia de Experiência do Cliente.

Comumente, o mapa da jornada do cliente revela políticas ou regras de negócios que, uma vez questionadas, são alteradas e até mesmo eliminadas, já que não agregam valor para a experiência ou até mesmo a prejudicam ao criar esforço e inconveniências para o cliente.

Tornar a experiência mais simples, com menos passos e consequentemente menos recursos, reduz custos, além de fidelizar o cliente.

Ao observar o cliente em seu contexto natural, podemos identificar situações que o irritam, expressões que demonstram dúvida, comportamentos e declarações de sentimentos incômodos. Podemos ainda perceber quando ele evita algum passo e acaba escolhendo formas alternativas para contornar inconveniências causadas pelo produto ou serviço.

A técnica não tem por objetivo provar que novas ideias valem a pena, mas sim identificar novas hipóteses que possam ajudar a recriar experiências melhores, experiências que reduzam atrito e fidelizem.

A utilização de ferramentas como *Design Thinking* torna possível estabelecer hipóteses e testá-las, por meio da geração de ideias e prototipagem de inovações em seus produtos e serviços.

Como começar o mapeamento da jornada do cliente

Geralmente o mapeamento da jornada do cliente pode ser resumido nos seguintes passos:

- Escolha os clientes que você deseja compreender melhor. Reúna informações sobre eles, seu dia a dia, suas aspirações, respostas a pesquisas NPS, transcrições de atendimentos por telefone e redes sociais.

- Desenhe a primeira versão hipotética da jornada de seu cliente do início ao fim. Inclua todos os passos, inserindo também aqueles de que a sua empresa não participa.
- Identifique um grupo pequeno de clientes que representem a faixa de atributos demográficos de seu interesse.
- Execute entrevistas-piloto, recapitule e faça os ajustes necessários para alcançar a profundidade desejada.
- Destaque os momentos da verdade, os momentos mais importantes da jornada. Resuma os pontos altos e baixos da experiência. Busque padrões e *insights*.
- Identifique temas, geralmente dimensões psicográficas e demográficas que permitam revelar diferenças entre os dados, formando grupos chamados de *personas*.

Mapeie a jornada para cada *persona*. Registre os "pontos de dor" (emoções negativas) e os pontos positivos da jornada em cada etapa. Trace uma linha horizontal colocando sobre ela os pontos de contato do cliente. Busque um número máximo de 12 pontos por jornada. Acima da linha inclua as áreas funcionais que o cliente vê e abaixo dela as áreas funcionais de suporte necessárias a cada etapa da jornada. Você pode complementar com frases ditas pelos clientes em pesquisas, entrevistas e gravações de seu *call center*, imagens e até mesmo vídeos que representem a experiência.

MAPA DA JORNADA DE COMPRAS ONLINE DO CONSUMIDOR

ETAPAS DO TRAJETO	MOTIVAÇÃO	BUSCAS EM WEBSITES		NAVEGAÇÃO NOS SITES	AVALIANDO PRODUTOS		PAGAMENTO	
ATIVIDADES	Quer comprar um presente de Natal para um amigo	Pesquisa de palavras-chave de produtos nos sites de busca	Clica no primeiro anúncio dos resultados das buscas	Verifica de novo nos sites e volta ao primeiro resultado	Pesquisa por oportunidades e promoções	Abre uma página de produto para checar as informações	Abre páginas de produtos para comparar informações	Inclui o produto no carrinho e segue para o pagamento	Pede ajuda para serviços online
SENSAÇÕES (MUITO SATISFEITO / SATISFEITO / INSATISFEITO)	😃	😊	😞	😊	😃	😞	😊	😞	😊
EXPERIÊNCIAS	Empolgado para dar um presente para seu amigo	Feliz por ver várias opções / Confuso sobre qual escolher	Incomodado com as informações inúteis	Satisfeito com sites de compras informativos / Inseguro sobre como achar o melhor preço	Surpreso por ver vários descontos	Frustrado com os comentários dos outros consumidores	Satisfeito com utilidades e designs / Triste por ver produtos sem estoque	Frustrado por encontrar somente a opção de pagamento via Paypal	Satisfeito com o pagamento por cartão bancário / Insatisfeito por esperar muito tempo
EXPECTATIVAS DO CONSUMIDOR	Facilidade de conseguir novos descontos	Uma ferramenta de pesquisa mais amigável	Conseguir fechar anúncios desnecessários	Sites com design claro e inovador	Mais descontos nos feriados	Produtos com mais qualidade	Sistema de reposição mais rápido	Mais formas de pagamento	Site com mais velocidade

Fonte: www.edrawsoft.com

"A CAPACIDADE DE ENTENDER COMO SEUS CLIENTES PERCEBEM A EXPERIÊNCIA COM A SUA EMPRESA FAZ DO MAPEAMENTO DA JORNADA UM EXERCÍCIO QUE DEVE SER TRANS-FORMADO EM HÁBITO NAS ORGANIZAÇÕES QUE DESEJAM TER SUCESSO"

O exercício pode ser iniciado em *workshops*, com *post-its* colados em folhas de papel dispostas em paredes. Uma vez concluídos os *workshops*, fotos do resultado podem ser transformadas em gráficos elaborados de forma que possam ser compartilhados eletronicamente dentro da organização.

Empresas genuinamente comprometidas na sua transformação em organizações centradas no cliente criam espaços de longa permanência, onde mapas em contínua renovação são expostos para criação e comunicação de melhores experiências para todos na organização.

Fidelizar clientes é fundamental para qualquer empresa que deseje crescer ou se manter saudável em tempos difíceis.

A capacidade de ouvir e entender como seus clientes percebem a experiência com sua empresa e reagir de forma ágil às suas demandas faz do mapeamento da jornada do cliente um exercício que deve ser transformado em hábito nas organizações que desejam ter sucesso.

08

FIDELIZAÇÃO VS DESERÇÃO DE CLIENTES

por Andréa Naccarati de Mello

O sonho de toda empresa é ter os clientes fidelizados, não é mesmo? Mas por que é tão difícil realizá-lo?

Neste capítulo, buscaremos cobrir todos os elementos que interferem positivamente e negativamente na relação empresa-cliente para levar à fidelização ou deserção. Mas, antes de mais nada, vamos a alguns dados que mostram por que é tão importante para as empresas a retenção dos clientes atuais:

- É cinco a 25 vezes mais caro adquirir um novo cliente do que reter um cliente existente.[1]
- Um aumento de 5% na retenção de clientes pode aumentar a receita da empresa em 25%-95%.[1]
- Os clientes retidos compram com mais frequência e gastam mais do que os clientes mais novos. Eles aprenderam o valor de um produto ou serviço e continuam voltando sempre.[1]
- Clientes satisfeitos e leais têm maior probabilidade de elogiar a empresa e recomendar seus amigos e familiares – conquistando novos clientes gratuitamente.[1]

1. blog@hubspot.com, acesso em 17 janeiro 2021.

No entanto, reter não é fidelizar. Segundo Sarah Olson[2], a retenção de clientes significa que um cliente compra de você, mas não necessariamente tem uma grande afinidade com sua marca. A fidelidade do cliente significa que um cliente prefere sua empresa e, se pudesse escolher, ele escolheria sua marca em vez de outra.

Isso mostra a relevância de se criar um relacionamento de longo prazo com os clientes atuais para fidelizá-los e, potencialmente, criar um negócio mais sustentável para as empresas.

Kotler já há muito tempo descreveu a fidelidade.

> **"Um compromisso profundo ou serviço no futuro, apesar de 'influências situacionais' e esforços de marketing potencialmente capazes de causar mudanças comportamentais"**
>
> (Kotler)

A fidelidade pode ser iniciada pela preferência do cliente com base em razões objetivas e depois evoluir para apego emocional.

Joey Reiman, em seu livro *The Story of Purpose*, já dizia que "*The brain runs everything, and the heart runs the brain*". (O cérebro rege tudo e o coração rege o cérebro.) Quanta verdade nisso!

---

2. Artigo publicado em Zendesk.com.br, atualizado em 18 de dezembro de 2020.

"É CINCO A 25 VEZES MAIS CARO ADQUIRIR UM NOVO CLIENTE DO QUE RETER UM CLIENTE EXISTENTE"

E Reiman disse mais: "O propósito move as pessoas da lealdade para o amor".

"O propósito move as pessoas da lealdade para o amor."

PILARES DO AMOR

PAIXÃO PELO CONSUMIDOR | DIÁLOGO | FIRMEZA DE PROPÓSITO

Fonte: *The Story of Purpose*. Joey Reiman, 2013

O propósito, quando é verdadeiro, é capaz de criar conexão com as pessoas que se identificam com a razão de existir das marcas e, consequentemente, com as suas ações, gerando engajamento, diálogo e relacionamento.

Propósito, diálogo e paixão pelo seu consumidor são os três pilares do amor, segundo Reiman. Isso tudo é muito próximo das relações humanas, não é mesmo?

E construir o relacionamento não acontece da noite para o dia, leva tempo e passa por várias fases. Em marketing, chamamos essas fases de *Customer Loyalty Ladder* (Escada da Lealdade do Cliente). Ela traça a jornada do cliente através dos estágios de relacionamento que ele tem com a marca e, para evoluir nos estágios, a marca/empresa precisa exceder as expectativas dos seus clientes. Existem várias literaturas exemplificando essa "escada", escolhi uma apenas como referência.

Para mover o cliente degrau acima, várias iniciativas são necessárias da área de marketing, mas é também oportuno o envolvimento da Gestão de Relacionamento com Clientes, o CRM *(Customer Relationship Management)*.

As marcas criam vínculos *(bonds)* com seus clientes para depois, ao longo do tempo, fidelizá-los. Berry e Parasuraman identificaram quatro tipos de vínculos: financeiro, social, customizado e estrutural. Por que isso é importante? Porque por trás disso estão ações a serem realizadas para atingimento dos objetivos da empresa.

COMO AS EMPRESAS FAZEM VÍNCULOS COM OS CLIENTES?

FINANCEIRO	SOCIAL
Os vínculos financeiros amarram os clientes em incentivos financeiros. São os vínculos mais fracos.	As empresas se vinculam com os clientes criando com eles relações sociais de longa duração.
CUSTOMIZADO	**ESTRUTURAL**
Todo o mix de marketing pode ser potencialmente customizado para atender às expectativas do cliente.	Os vínculos estruturais são os mais fortes dos quatro tipos de vínculo. Eles são formados entre 2 companhias.

Fonte: Adaptação de Berry e Parasuraman

EXPERIÊNCIAS QUE DEIXAM MARCAS (CX)

CUSTOMER LOYALTY LADDER

- ADVOCATE
- CLIENT
- CUSTOMER
- PROSPECT
- SUSPECT

RETENÇÃO DOS CLIENTES E LEALDADE

AQUISIÇÃO DE CLIENTES

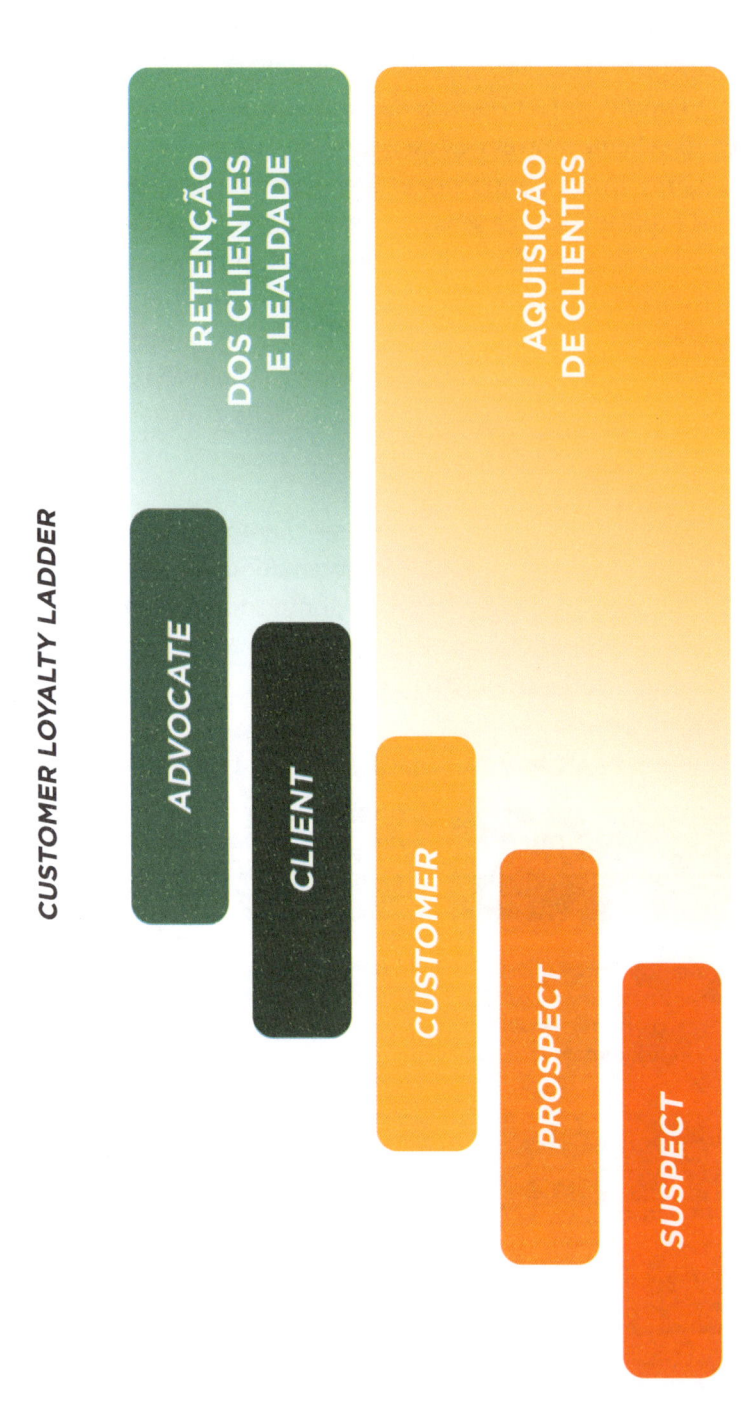

Fonte: @shainehg; marketing91.com

O **vínculo financeiro** é criado por meio de incentivos ou benefícios financeiros. Atrai clientes sensíveis a preço, os famosos "caçadores de promoções", e, portanto, é o vínculo mais fácil de se romper e que gera menor retenção de clientes. Alguns exemplos seriam cartões de crédito dando pontos em dobro, sem anuidade, desconto por combos de produtos, etc.

O **vínculo social** é criado por meio do relacionamento pessoal e duradouro entre empresa-cliente e cliente-cliente, facilitado pela empresa. Podemos citar o relacionamento entre clientes da Harley-Davidson, participantes do *"Owners Group"*, por exemplo. Já um exemplo entre cliente e empresa são os vínculos criados em escritórios de advocacia, de consultores e em clínicas médicas.

O **vínculo customizado** não é nada mais, nada menos do que a empresa conhecer seu cliente no detalhe e personalizar o *mix* de marketing para atender à sua expectativa e necessidade. Isso se dá durante as interações regulares com os clientes quando as empresas coletam suas informações e se interessam em conhecê-los de perto. Marcas globais como Nike e Levi's customizam seus produtos ao gosto do cliente, quando demandado. A National Bicycle Corporation no Japão produz 11 milhões de tipos diferentes de bicicletas usando sistemas de manufatura flexíveis e entrega em duas semanas. Incrível, não é mesmo?

Em alguns casos, as empresas até chegam a convidar clientes para seu processo de cocriação de produtos.

O **vínculo estrutural** é o mais forte dos quatro vínculos, mas ocorre entre empresas que criam parcerias e interdependência para negócios conjuntos. No geral, envolve prestação de serviços e tecnologia. Um exemplo seria uma empresa de bens de consumo trabalhando em parceria com um varejista de forma colaborativa, compartilhando informações para reduzir a falta de estoque dos produtos da empresa em loja e garantir a variedade de produtos aos clientes, por exemplo.

VÍNCULOS COM CLIENTES

Berry e Parasuraman (1991) identificaram quatro tipos de "BONDS":

- FINANCEIRO
- SOCIAL
- CUSTOMIZADO
- ESTRUTURAL

Vínculos mais fortes
Maior retenção dos clientes
Maior fidelização

Fonte: Adaptação de Berry e Parasuraman (1991)

É tão bom falar de cliente fiel à marca porque reduz stress e custo de prospecção de novos clientes pela empresa, mas nem sempre é assim. Agora vamos falar um pouco sobre o porquê dos clientes trocarem de marca.

Vários são os fatores que levam à deserção dos clientes, que podemos chamar de **Má Experiência**:

- Preço.
- Produto.
- Serviço.
- Atendimento.
- Propósito.
- Valores e ações relacionados à sustentabilidade, diversidade e inclusão, etc.

TIPOS DE DESERÇÃO, EXEMPLOS

DESERÇÃO POR PREÇO
Esses clientes trocam por um competidor que ofereça um preço menor.

DESERÇÃO POR PRODUTO
São clientes que estão insatisfeitos com o produto.

DESERÇÃO POR SERVIÇO
São clientes que estão insatisfeitos com a qualidade do serviço.

DESERÇÃO PELO MERCADO
Esses clientes podem trocar de mercado, incluindo mercados de outra localização.

DESERÇÃO PELA TECNOLOGIA
Esses clientes trocam por uma tecnologia superior ou por uma tecnologia alternativa.

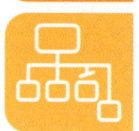

DESERÇÃO PELA ORGANIZAÇÃO
Empregados podem trocar quando o empregador muda o provedor de um serviço: banco, telecom.

Fonte: Adaptado de *Customer Management*. G. Shainesh, Jagdish N. Sheth

A empresa precisa estar totalmente comprometida com todos os aspectos indicados acima, e mais alguns, para garantir a boa experiência dos clientes e evitar o *churn* (deserção). Para isso, precisa estar constantemente atenta e medindo índices de satisfação, entrevistando, analisando as reclamações, etc., para, assim, tomar ações corretivas e entregar experiências em linha com a expectativa dos clientes.

Para finalizar, gostaria de destacar que clientes frequentes não necessariamente são clientes fiéis. Clientes frequentes muitas vezes mantêm um padrão sistemático devido à inércia, isto é, acabam comprando por hábito, porque exige menos esforço. Clientes fiéis têm um padrão de compras repetido, acompanhado de uma atitude positiva em relação à marca; possuem envolvimento emocional com a marca. Esses clientes, sim, são importantes, porque são *advocates* (defensores) da marca *(Customer Loyalty Ladder)*.

Muita teoria, não é mesmo? Mas muito importante, porque se não entendermos todo o pensamento estratégico por trás das ações das marcas, que possa gerar experiências satisfatórias aos clientes, nossa chance de sucesso ficará reduzida.

FIDELIZAÇÃO VS DESERÇÃO DE CLIENTES

ESTRATÉGIAS PARA REDUZIR A DESERÇÃO DOS CLIENTES (CHURN)

- ENTREVISTAR EX-CLIENTES
- IDENTIFICAR BARREIRAS DE TROCAS
- MEDIR A RETENÇÃO DE CLIENTES
- ANALISAR RECLAMAÇÕES E DADOS DE SERVIÇOS

Fonte: Adaptado de *Customer Management*. G. Shainesh, Jagdish N. Sheth

09

CULTURA E VALORES. ELEMENTOS-CHAVE DE UMA TRANSFORMAÇÃO SUSTENTÁVEL

por André Luiz Camacho da Silveira

A Experiência do Cliente com uma empresa é o reflexo de sua cultura e processos operacionais enquanto instituição.

A cultura de uma empresa circunscreve o que seus colaboradores podem fazer, sintetiza aquilo em que acreditam, suas crenças, seus valores e ações.

Tem papel fundamental na condução da empresa na sua jornada de transformação em uma organização centrada no cliente. Assim, torna-se imperativo revisitar sua missão e verificar se ela é capaz de inspirar as pessoas por meio de seus valores.

Muitas empresas se espantam ao descobrir um desalinhamento do entendimento da missão corporativa que existe entre a liderança, as equipes de suporte e os colaboradores que têm contato direto com o cliente.

A falta de uma visão clara e compartilhada compromete qualquer transformação e elimina a razão da existência de um programa de *Customer Experience*. O comprometimento para alcançar um crescimento baseado no cliente é provado com ações e escolhas.

Para colocar a cultura em ação, as pessoas precisam de exemplos, elas precisam de provas. Dessa forma, a visão precisa ser construída em conjunto e em consenso com toda a liderança para, só então, ser vivida no dia a dia.

Mudanças de comportamento da liderança, sejam na sua comunicação, sejam na forma de tomar decisões, devem demonstrar seu afastamento de uma visão em que as agendas pessoais predominam, em que indicadores de "dentro para fora" incentivam a velha hierarquia de silos, em que cada área faz sua parte, mas ninguém se preocupa com o impacto de seu trabalho sobre o cliente.

Uma cultura centrada no cliente conduz os colaboradores a aproveitar toda a oportunidade de ouvi-lo e levar em consideração suas opiniões.

Trata-se de um estado mental em que o colaborador é influenciado e direcionado pelos interesses do cliente, de tal maneira que o desejo e as habilidades de colocá-lo em primeiro lugar são uma prioridade em seu trabalho.

Esse estado mental deve permear todos na empresa, não só os colaboradores da linha de frente, que tocam o cliente continuamente, mas também as equipes de retaguarda ou suporte.

Quantas vezes você já passou por uma experiência ruim em que a solução de seu caso dependia de uma área de suporte, cujos indicadores de desempenho muitas vezes estimulam comportamentos contrários a uma boa Experiência do Cliente?

Como estabelecer uma cultura de colaboração se os líderes não demonstram esse comportamento?

"A EXPERIÊNCIA DO CLIENTE COM UMA EMPRESA É O REFLEXO DE SUA CULTURA E PROCESSOS OPERACIONAIS ENQUANTO INSTITUIÇÃO"

Enquanto líderes colocarem seus próprios interesses à frente do interesse de suas organizações, priorizando o "eu" em vez do "nós", dificilmente será possível criar uma cultura de colaboração. Esse comportamento inibe o desempenho sustentável de uma empresa e estimula a desconfiança. Sem confiança você evita cooperar e não se sente à vontade para propor ideias e opiniões.

No livro *Confiança: As Virtudes Sociais e a Criação da Prosperidade*, Francis Fukuyama afirma:
"A falta de confiança que permeia nossa sociedade impõe um tipo de taxa em todas as formas de atividade econômica, uma taxa que sociedades com alto nível de confiança não precisam pagar".

Empresas precisam conquistar a confiança de seus consumidores, precisam ser transparentes, verdadeiras, humildes e eficazes ao agir em benefício do melhor interesse de seus clientes.

Além do discurso

A organização precisa ir além do manifesto do cliente e traduzir seu comprometimento em ações que as pessoas sentirão orgulho em seguir e repetir.

Cultura é a ação, não as palavras. Não basta acreditar *(mindset)*, é preciso agir para que os outros vejam (comportamento).

Uma cultura forte, feita de ações e exemplos, e valores com os quais as pessoas se comprometem são importantes porque criam alinhamento entre os colaboradores.

Contudo, é importante destacar que os valores são declarados pela liderança, mas se não forem desejados pela maioria dos colaboradores, eles não serão vividos nem compartilhados.

O comportamento deve ser coerente e consistente no sentido de orientar o modelo que deve ser seguido e as decisões que precisam ser tomadas. Isso confirma o comprometimento com o cliente.

Um presidente que resolve passar uma manhã de sua semana no *call center* ouvindo os clientes não vai inspirar ninguém se fizer isto apenas uma vez ou se não mostrar ações que de fato tornaram a vida dos clientes melhor.

Como você se sentiria em uma empresa que diz colocar o cliente no centro de tudo, enquanto a maioria de seus colegas de trabalho sabe que isto é simplesmente uma mentira? *Call centers* terceirizados acumulam reclamações antigas, áreas de suporte sobrecarregadas e estimuladas por indicadores de desempenho inapropriados continuam priorizando atividades internas, equipes comerciais vendem serviços e produtos que não atenderão às expectativas criadas, enquanto o foco na aquisição de novos clientes se fortalece em detrimento da fidelização de clientes antigos, que continuam abandonando a empresa em busca de experiências melhores. A falta de coerência desmotiva, gera desconfiança e descrédito e consegue minar qualquer iniciativa de mudança.

Gerentes que desejam verdadeiramente liderar suas empresas precisam falar com vários clientes e se envolver pessoalmente com seus problemas, até que sejam resolvidos. Essa atitude manda sinais a todos sobre o que é importante e como se comportar.

Fonte: André Luiz Camacho da Silveira

Alinhamento

A liderança precisa estar unida em torno de como determinar investimentos e priorizar ações. É essencial que a organização saiba quando seus líderes não estão agindo de forma independente, mas sim em equipe.

As mensagens devem ver uníssonas, decisões devem ser informadas e explicadas aos colaboradores, reforçando os comportamentos desejados.

O mapeamento da jornada do cliente pode servir como condutor de uma conversa entre os líderes, que pode ser traduzida em uma espécie de código de conduta comum, que vai guiar os colaboradores na direção do que nunca pode ser feito e o que sempre deve ser feito em benefício do cliente.

Ao mesmo tempo, a liderança deve deixar claro como vai apoiar e capacitar os colaboradores em cada etapa da jornada do cliente.

Regras ou políticas muitas vezes frustram clientes e colaboradores, geram complexidade, além de custos e retrabalho. Assim, devem ser revistas ou eliminadas.

À medida que a maturidade da organização em relação a CX aumenta, processos criados para monitorar e medir experiências podem ser usados para estimular comportamentos e fortalecer valores, utilizando recompensas que podem ir de reconhecimentos públicos a promoções.

Empresas que adotam uma cultura centrada no cliente buscam nas características culturais que sua organização valoriza os elementos para selecionar e desenvolver seus líderes.

Atitudes como essa reforçam a importância de não contratar ou recompensar quem não demonstre uma liderança centrada no cliente, conforme determinado pela empresa.

Implementar uma cultura centrada no cliente não é uma tarefa fácil, mas pode ter mais sucesso quando alinhada aos objetivos da organização.

Mudanças desse tipo requerem persistência. Os líderes sabem que se trata de uma jornada e, assim, devem se comprometer em percorrê-la com diligência, até que esteja incorporada a seus sistemas e processos.

A cultura organizacional é promovida por líderes. Se a sua liderança não entende o valor de uma cultura centrada no cliente, ou não está unida em torno de colocá-la em ação, as chances de uma transformação de sucesso são mínimas.

Eduque, sensibilize, demonstre a importância de CX para líderes que tenham os valores necessários e o poder de dar o primeiro passo desta jornada em direção da criação de uma cultura centrada no cliente.

10

EMPLOYEE EXPERIENCE NO CONTEXTO DO CUSTOMER EXPERIENCE

por Larry Sackiewicz

Definimos o Gerenciamento de Experiência (CEM) como a disciplina de usar dados de experiência e dados operacionais para medir e melhorar as experiências essenciais de negócios: funcionários, clientes, produtos e marcas. **A Experiência do Funcionário é tudo aquilo que as pessoas encontram, observam e vivem (sentem) ao longo de sua vida profissional na organização.**

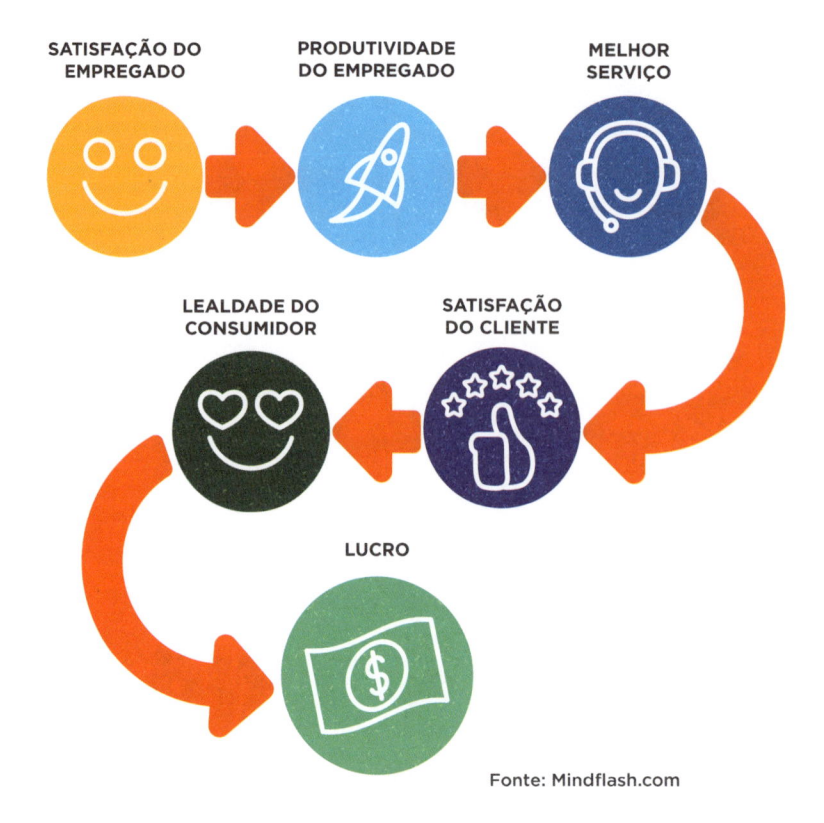

```
SATISFAÇÃO DO          PRODUTIVIDADE          MELHOR
EMPREGADO              DO EMPREGADO           SERVIÇO

         LEALDADE DO          SATISFAÇÃO
         CONSUMIDOR           DO CLIENTE

                    LUCRO
```

Fonte: Mindflash.com

Introdução

Funcionários engajados são um componente crítico para o sucesso organizacional, pois trazem um maior nível de comprometimento e contribuição para o seu trabalho. Embora essa ligação seja cada vez mais conhecida, muitas empresas ainda lutam para entregar as experiências dos funcionários necessárias para aumentar os níveis de engajamento. O que está acontecendo? Pesquisas recentes revelam um conjunto comum de crenças desatualizadas sobre a Experiência do Funcionário. Neste capítulo exploraremos como as empresas, e mais precisamente seus gestores, podem superar a estagnação do engajamento dos funcionários, em primeiro lugar conhecendo com mais profundidade a disciplina e em segundo lugar propondo práticas e técnicas de implantação dessa que, no entender deste autor, é a primeira parte para a implantação de um completo e bem-sucedido Gerenciamento de Experiência dentro da empresa.

A Experiência do Funcionário (*Employee Experience*)

As empresas têm investido cada vez mais na Experiência do Cliente e, à medida que reconhecem as pessoas como seus maiores ativos, elas também investem na Experiência do Funcionário, assim que descobrem que isso existe.

Com mudanças sem precedentes em nossa sociedade, economia e negócios, a forma como os funcionários vivenciam o trabalho se tornou mais importante do que nunca. No entanto, por mais difícil que seja para a capacidade de uma organização ter de enfrentar interrupções, transformações e incertezas econômicas, uma pesquisa da Deloitte mostra que apenas 9% dos líderes de negócios acreditam que estão prontos para implantar uma Experiência do Funcionário devidamente gerenciada.

Essa mudança está se tornando tão predominante que estamos até vendo o surgimento de funções e departamentos inteiros dedicados à Experiência do Funcionário. Acreditamos que essa experiência e sua relação com engajamento e desempenho são fundamentais e devem ser entendidas e priorizadas – agora mais do que nunca. Porque, quando as organizações obtêm a experiência correta dos funcionários, elas podem alcançar o dobro da inovação e da satisfação do cliente e gerar lucros 25% maiores do que aquelas que não têm.

Neste capítulo, explicaremos como uma experiência sólida do funcionário pode ter um impacto positivo em tudo, desde seus esforços de recrutamento até seus resultados financeiros. Também exploraremos os principais marcos da Experiência do Funcionário e compartilharemos algumas dicas úteis para fazer a sua experiência decolar.

Por que a Experiência do Funcionário é importante?

Projetar uma experiência poderosa para os funcionários não é simplesmente uma caixa a ser verificada pela equipe de RH – também pode ter um impacto significativo em muitos aspectos de uma organização. Os líderes da empresa reconhecem essa influência, e é por isso que quase 80% dos executivos consideram a Experiência do Funcionário muito importante ou importante. De acordo com Shopia Lee em seu *blog* Culture Amp, podemos ter uma visão geral das áreas que são afetadas pela Experiência do Funcionário.

1. O Engajamento

O engajamento dos funcionários é a medida do relacionamento entre os funcionários e uma organização. É uma das constelações de sentimentos que podem resultar da Experiência do Funcionário. A maioria das empresas mede e visa melhorar o engajamento de seus funcionários, uma vez que isso está altamente relacionado com a rotatividade e com o nível de esforço que seu pessoal provavelmente colocará no trabalho. É uma das muitas atitudes possíveis que resultam de EX, uma vez que informa diretamente se as pessoas estão dispostas a investir (seu tempo, energia e intelecto) na organização. Essa é uma informação que a maioria dos empregadores está procurando entender e prever.

2. O Recrutamento

Hoje, a maioria dos candidatos a empregos procuram informações sobre uma empresa em *sites* de busca de empregos como a Catho. O aumento de *sites* de avaliação de empresas como esse indica o desejo

"QUANDO AS ORGANIZAÇÕES OBTÊM A EXPERIÊNCIA CORRETA DOS FUNCIONÁRIOS, ELAS PODEM ALCANÇAR O DOBRO DA INOVAÇÃO E DA SATISFAÇÃO DO CLIENTE E GERAR LUCROS 25% MAIORES DO QUE AQUELAS QUE NÃO TÊM"

dos funcionários de entender como será sua experiência em uma organização. É por isso que ter uma forte Experiência do Funcionário é fundamental. Sem uma vivência como essa, suas avaliações negativas podem afugentar talentos em potencial para a organização.

3. A Retenção

Estamos cada vez mais vendo pessoas tomarem decisões sobre deixar empresas no início de sua gestão. Na verdade, uma pesquisa veiculada na SHRM, Society for Human Resource Management, descobriu que cerca de 10% das pessoas estavam saindo seis meses depois de começar em um novo emprego. Uma introdução adequada em uma organização, por meio de processos como *onboarding*, pode fazer uma grande diferença no que diz respeito ao desejo de um funcionário de ficar, à sua produtividade e à sua percepção da cultura da empresa.

4. O Resultado

Finalmente, uma forte Experiência do Funcionário pode fazer uma enorme diferença nos resultados financeiros da sua organização. Uma análise de mais de 250 organizações globais, feita e demonstrada no livro de Jacob Morgan, *The Employee Experience Advantage: How to Win the War for Talent by Giving Employees the Workspaces They Want, the Tools They Need, and a Culture They Can Celebrate* (Wiley, 2017), descobriu que as empresas que pontuaram mais alto nos *benchmarks* de experiência dos funcionários têm lucros médios quatro vezes maiores, receitas médias duas vezes maiores e rotatividade 40% menor em comparação com aquelas que não o fizeram. Isso demonstra que um investimento na Experiência do Funcionário compensa.

Áreas importantes na Experiência do Funcionário

Agora que entendemos o impacto, vamos nos aprofundar nos principais marcos que constituem a Experiência do Funcionário. Abaixo, abordaremos três estágios importantes do ciclo de vida do funcionário e explicaremos como as pesquisas podem ser utilizadas em cada estágio (veja os estágios iniciais abaixo). Isso garante que você reúna dados suficientes para capturar o quadro geral da Experiência do Funcionário em sua organização.

DESENVOLVIMENTO

CRESCIMENTO CONTÍNUO

PERFORMANCE

Fonte: Culture Amp

1. **Atração/Recrutamento**

Este estágio é crítico porque é a primeira chance que você tem de apresentar a cultura de sua empresa e estabelecer confiança com uma contratação em potencial. A experiência do candidato também é a oportunidade perfeita para garantir que as pessoas se tornem defensoras da sua organização – independentemente de ingressarem ou não nela. Obter *feedback* nesta fase é uma grande oportunidade para melhorar o processo e a experiência de candidatura para trabalhar na sua organização.

2. **Integração**

O programa de integração, que visa obter novos contratados é fundamental porque pode ter um impacto significativo na estabilidade de um funcionário. Começa quando um novo contratado aceita sua oferta e continua durante as primeiras semanas, meses e até mesmo o primeiro ano de trabalho do novo funcionário. Obter *feedback* nesta fase não apenas ajuda a melhorar seu processo de integração, mas também identifica quaisquer lacunas ou inconsistências no conhecimento e treinamento.

3. **A Saída**

Mesmo com seus melhores esforços, você pode presumir que a maioria dos funcionários deixará sua organização em algum momento, seja por vontade própria, seja por baixa performance. Especialmente considerando que o tempo médio de permanência nas organizações está em declínio, é mais importante do que nunca manter o envolvimento com os funcionários – mesmo quando eles estão saindo. Uma pesquisa de saída permite que você faça isso e entenda as razões por trás dessa decisão, para que possa fazer os ajustes necessários no sentido de reduzir a rotatividade.

JORNADA DO EMPREGADO: ATRAÇÃO → A BORDO → ENGAJAMENTO → DESENVOLVIMENTO → PERFORMANDO → SAINDO → BUMERANGUE; ALUMNI → REFERÊNCIA

Fonte: Culture Amp

Como criar uma experiência forte para o funcionário

Se você já tem um plano de Experiência do Funcionário que deseja melhorar ou está prestes a criar um do zero, aqui estão nossas melhores recomendações para começar.

1. Determine sua principal prioridade

Primeiro, você precisa identificar em qual aspecto da Experiência do Funcionário sua organização deve se concentrar. Se você está prestes a aumentar significativamente o volume de contratações, pode primeiro focar no estágio de atração/recrutamento e considerar o uso de uma pesquisa de candidatos para obter *feedback*. Ou, se você estiver observando altas taxas de rotatividade, colocar seus recursos para entender e melhorar a experiência de saída de um funcionário pode ser sua primeira etapa. Não há lugar certo ou errado para começar – tudo depende das prioridades da sua organização no momento.

2. Comece a capturar dados

Depois de determinar sua prioridade, o mais importante é começar a coletar *feedback*. Leva tempo para coletar dados suficientes para começar a fazer ligações e contar histórias sobre a Experiência do Funcionário. É por isso que recomendamos não se sobrecarregar lidando com tudo de uma vez. Em vez disso, comece focando em um aspecto da Experiência do Funcionário (como integração), repita e amplie o programa de captura de dados a partir daí.

3. Construa vínculos

Se você deseja desenvolver uma compreensão abrangente de todo o ciclo de vida do funcionário, é importante criar vínculos de e para outros conteúdos e dados. Por exemplo, se você já fez uma pesquisa de engajamento, esses dados podem ajudá-lo a informar em quais fatores se concentrar em sua pesquisa de saída também. Além disso, certifique-se de que suas pesquisas sejam personalizadas para seus programas específicos, em vez de usar perguntas pré-fabricadas que não abordam a raiz do problema.

4. Capacite a ação

As pesquisas de Experiência do Funcionário fornecem muitas informações valiosas. Mas não vale a pena tê-las se você não as usar para agir. Recomendamos examinar os resultados agregados, bem como os resultados detalhados, para modificar os programas de toda a organização. A partir daí, você pode identificar se há profissionais qualificados, pode ainda obter a coleta do *feedback* dos funcionários por meio de pesquisas internas, auxiliar departamentos ou equipes específicas que precisam de suporte extra e ajudá-los a entender como estão se saindo em comparação com a empresa em geral. Isso dará a todos a oportunidade de fazer pequenos ajustes de forma independente para melhorar as Experiências dos Funcionários.

Uma Experiência do Funcionário definida e consistente é um dos investimentos mais poderosos que sua organização pode fazer. Isso levará a benefícios perceptíveis, como um *pool* de talentos mais amplo, melhor retenção e aumento da receita. Mas não para por aí. Uma experiência bem projetada também garante que seus funcionários – que são os seus maiores ativos – estejam preparados para o sucesso antes, durante e depois de sua permanência na empresa.

O que tem atrapalhado na implantação do gerenciamento de Experiência de Funcionários?

Apesar do valor claro da gestão da Experiência do Funcionário (EX), as empresas ainda não estão dominando uma técnica que resulte em **funcionários engajados**. O conceito evoluiu de um foco na satisfação para um sentido holístico, uma visão através da coleção de interações e experiências que um funcionário tem com uma organização e seu impacto na vida diária. O efeito cumulativo das Experiências dos Funcionários molda seu envolvimento no trabalho. Então, o que está inibindo a EX?

Acredito que uma parte significativa do problema decorre de um conjunto desatualizado de crenças sobre o que é a Experiência do Funcionário, especialmente quando aparecem declarações como estas:

- **"Focar na Experiência do Funcionário é fazer pesquisas."** Obter a coleta do feedback dos funcionários por meio de pesquisas internas é valioso. O engajamento pode sim ser aprimorado com esses *insights* para melhorar as experiências que mais importam para os funcionários, mas essa ação deve ser construída em toda a organização – desde o líder até o colaborador individual – para compreender e agir sistematicamente sobre os comentários dos funcionários.

- **"O que os funcionários de hoje querem é comida e diversão gratuitas."** Tornar o local de trabalho agradável, adicionando coisas divertidas fora das atividades de trabalho – como festas de pizza ou equipes esportivas da empresa – é uma atitude simpática, mas insuficiente para impulsionar o sucesso e a alteração profunda de um tipo específico de experiência. Os funcionários não se envolvem com a diversão, eles só estão envolvidos quando se sentem profundamente conectados com os objetivos da organização. Isso é a experiência da empresa e não do funcionário.

- **"Encontrar o equilíbrio é responsabilidade do funcionário."** Embora a tecnologia e os arranjos de trabalho flexíveis tenham sido inicialmente considerados a solução para o equilíbrio entre a vida pessoal e profissional, em algumas organizações eles levaram ao exato oposto – uma expectativa "sempre ativa" independentemente do dia ou hora. Corroborando essa visão, pesquisas indicam que as percepções dos funcionários sobre o apoio de sua empresa ao equilíbrio entre vida pessoal e profissional aumentam a satisfação, a motivação e a intenção de permanecer na organização. Trata-se de um excelente caminho para que as empresas repensem a "quantidade" de apoio que oferecem aos seus funcionários.

- **"É função do RH lidar com o envolvimento dos funcionários."** Recursos Humanos (RH) é um departamento importante para ajudar a catalisar a Experiência dos Funcionários de uma empresa. Mas as mudanças mais impactantes acontecem dentro da equipe de um funcionário, não dentro do RH. Contudo, no dia a dia, cada gerente de RH em toda organização é um componente crítico para aumentar ou diminuir o envolvimento dos funcionários, mas não deve carregar esse bastão sozinho.

Três mudanças de atitude para o sucesso da Experiência do Funcionário

Para entender como as empresas podem romper com essas crenças ultrapassadas sobre seus esforços de Experiência do Funcionário, destacamos três mudanças de mentalidade sobre o que elas precisam fazer para obter os melhores resultados.

1. Da execução funcional do trabalho à capacitação dirigida por objetivos. Em vez de esperar conformidade não inspirada para limitar as descrições de cargos, os líderes devem reconhecer os funcionários empoderados como capacitadores críticos da estratégia e do sucesso da empresa e investir no fortalecimento do vínculo dos colaboradores com a missão da organização.

2. Do levantamento desinteressado à compreensão e ação colaborativas. As empresas devem mudar de medição e de relatórios periódicos sobre a satisfação dos funcionários, partindo para o engajamento em buscar *insights* francos e acionáveis que permitam conversas entre gerentes e pessoal em momentos importantes para eles.

3. De programas orientados a RH a líderes que envolvem os funcionários. Os indivíduos que lideram pessoas e equipes devem reconhecer os benefícios desta posição e estar prontos para cumprir suas responsabilidades de envolver os funcionários todos os dias, em vez de depender das promoções periódicas ou de programas de RH.

Metodologias e aplicação do gerenciamento da Experiência do Funcionário

Hoje já há várias empresas e metodologias no mercado que permitem que o processo de implantação da cultura da experiência seja menos traumático e mais rápido em todas as suas fases e complexidades.

É muito importante esclarecer que, apesar de ser interessante à primeira vista, qualquer ação de gerenciamento da experiência, seja ela do empregado, seja ela do cliente (EX ou CX), é complexa, exige comprometimento de toda a organização e pode ser extremamente prejudicial à empresa, se essa não tiver a cultura e o engajamento necessários para a completa implantação das ações e materiais exigidos.

Em princípio, e ainda em uma explanação generalista, podemos exemplificar no quadro a seguir quais seriam os fatores contribuintes para uma boa perspectiva de implantação do gerenciamento da Experiência do Funcionário. A partir de uma base constituída na empresa dos principais fundamentos para a implantação da gestão da Experiência do Funcionário é possível iniciar o planejamento das atividades como as que listamos a seguir para que haja uma compreensão dos passos a serem tomados.

1. Conhecendo (de fato) os funcionários

Independentemente do tamanho da organização, é de extrema importância que os funcionários sejam conhecidos e tratados em sua individualidade. É natural que para as imensas corporações a primeira reação seja a da impossibilidade, mas esse sentimento não resistiria ao primeiro argumento de que sim, é possível, e só levaria mais tempo para ser finalizado.

Existem várias formas de conhecer o funcionário, mas a melhor, na opinião deste autor, é a que institui a *Persona* e o *Employee Journey*. O intuito de construir uma *persona* é que essa construção

FATORES CONTRIBUINTES PARA UMA BOA EXPERIÊNCIA DO EMPREGADO

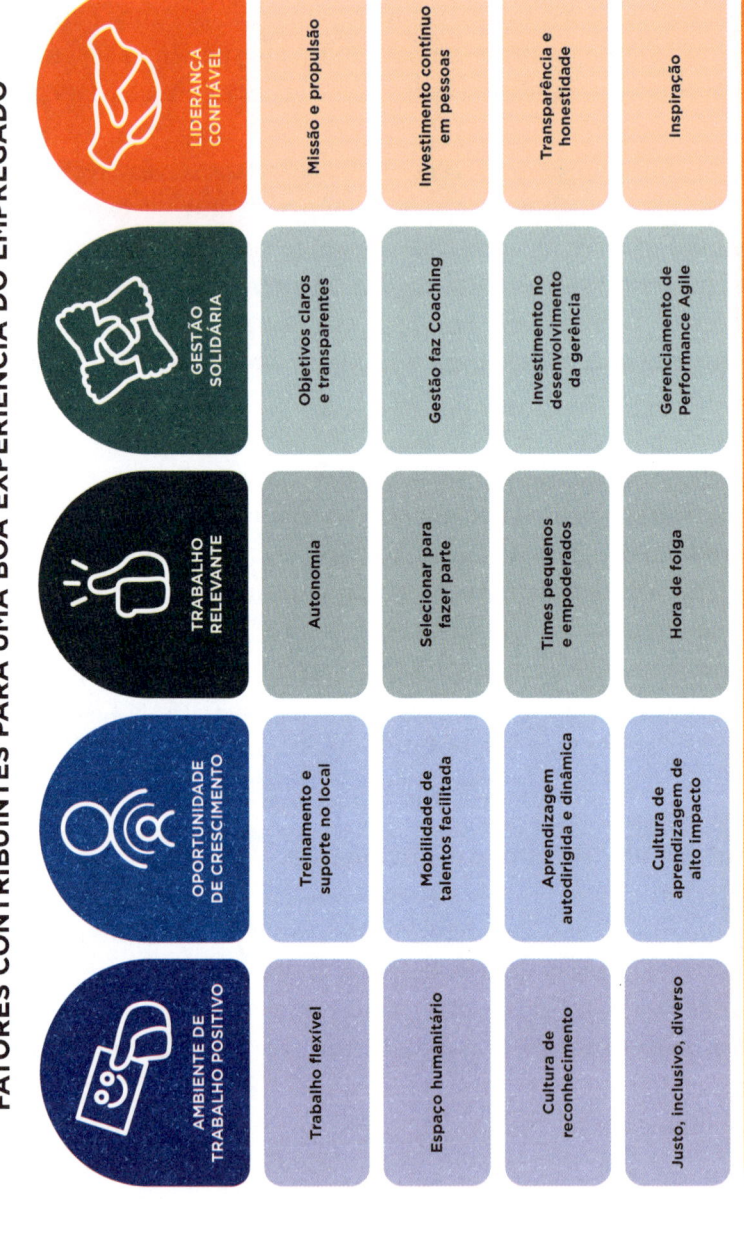

AMBIENTE DE TRABALHO POSITIVO	OPORTUNIDADE DE CRESCIMENTO	TRABALHO RELEVANTE	GESTÃO SOLIDÁRIA	LIDERANÇA CONFIÁVEL
Trabalho flexível	Treinamento e suporte no local	Autonomia	Objetivos claros e transparentes	Missão e propulsão
Espaço humanitário	Mobilidade de talentos facilitada	Selecionar para fazer parte	Gestão faz Coaching	Investimento contínuo em pessoas
Cultura de reconhecimento	Aprendizagem autodirigida e dinâmica	Times pequenos e empoderados	Investimento no desenvolvimento da gerência	Transparência e honestidade
Justo, inclusivo, diverso	Cultura de aprendizagem de alto impacto	Hora de folga	Gerenciamento de Performance Agile	Inspiração

Colaboração e Comunicação Intraorganizacional

Fonte: Deloitte - Simply Irresistible Organization™ model

de arquétipos simboliza mais do que uma pessoa, mas um grupo de pessoas da organização, o que, de certa forma, facilita o gerenciamento da Experiência do Funcionário, assim como a longa jornada que ele executa.

a. Definição do arquétipo

A partir de técnicas aplicadas pelas empresas conhecedoras da metodologia, é estabelecido o arquétipo, que conta com os dados sociodemográficos, os canais de atuação, os objetivos, a vida pregressa, suas motivações, frustrações e expectativas.

b. Conhecendo a Jornada do Funcionário

Com o conhecimento da individualidade do funcionário, e em qual arquétipo se enquadra, é momento de conhecer com profundidade e acuidade a sua jornada dentro da organização, os pontos de contato, de confluência, de dor, de relevância, enfim, o mapa pormenorizado da jornada de cada funcionário em particular.

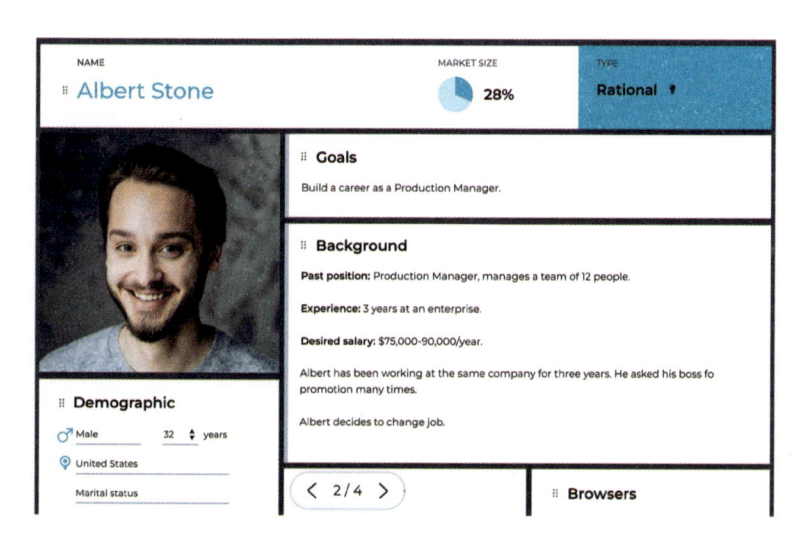

c. Criando, aplicando e gerenciando a Experiência do Funcionário

A última fase de implantação talvez seja a mais longa e carregada de riscos. Trata-se da aplicação de tudo o que foi criado, incluindo a experiência desejada pela empresa. O tempo e os resultados dirão se o projeto foi um sucesso ou não, lembrando que, assim como as outras experiências, a de sua empresa, mesmo você não conhecendo ou gerenciando, **existe**!

MAPA DE EXPERIÊNCIA DO FUNCIONÁRIO

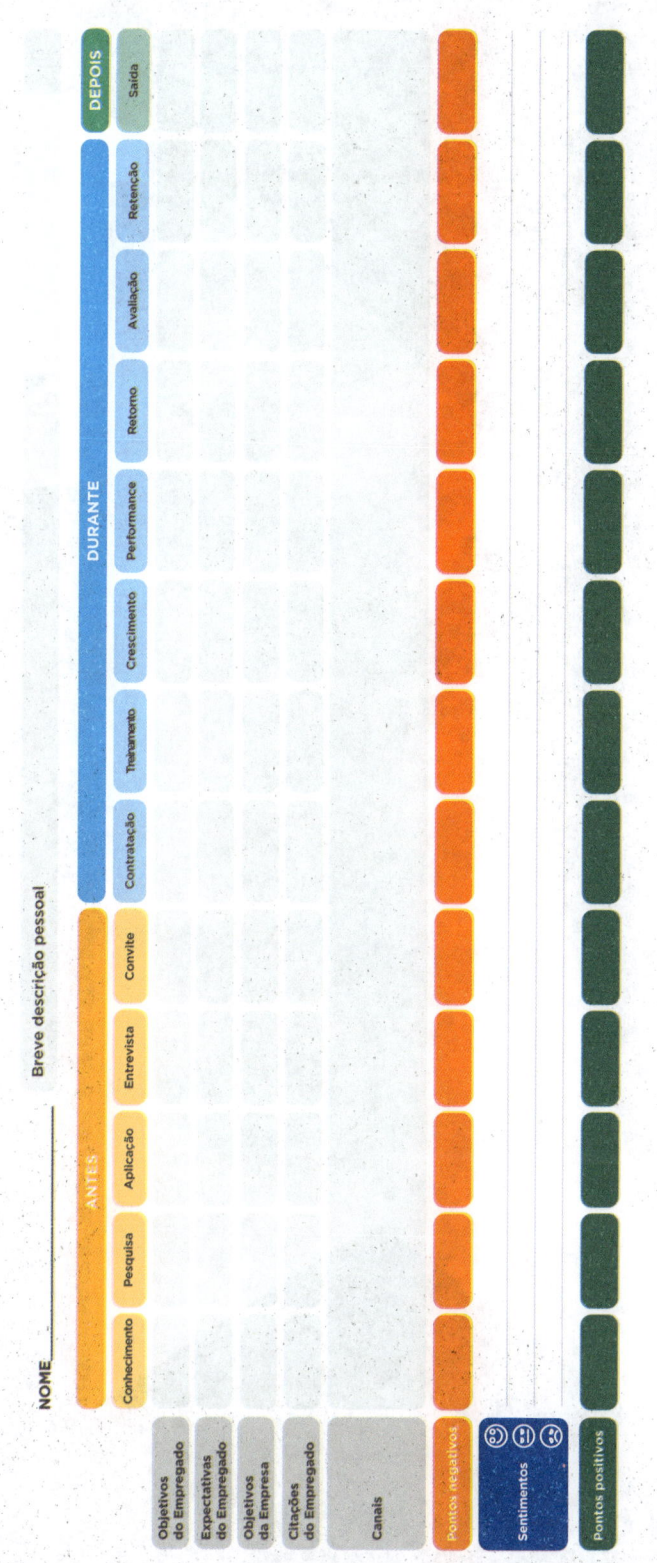

NOME _____

Breve descrição pessoal

	ANTES					DURANTE							DEPOIS
	Conhecimento	Pesquisa	Aplicação	Entrevista	Convite	Contratação	Treinamento	Crescimento	Performance	Retorno	Avaliação	Retenção	Saída
Objetivos do Empregado													
Expectativas do Empregado													
Objetivos da Empresa													
Citações do Empregado													
Canais													
Pontos negativos													
Sentimentos 😊 😐 😞													
Pontos positivos													

Fonte: Martha Quispe

11

FATORES DE SUCESSO E CAMINHOS CRÍTICOS DO *CUSTOMER EXPERIENCE*

por Larry Sackiewicz

Dentro da estruturação da ideia, e antes da própria implantação do modelo a ser seguido, é muito importante que se tenha a convicção de que a empresa estará preparada para receber uma mudança de atitude que possa afetar seus funcionários e o resultado da operação. O gerenciamento da Experiência do Cliente é fundamental para que exista um diferencial competitivo entre as empresas e seus concorrentes. Sendo assim, CEM é um verdadeiro investimento e, de forma alguma, uma tendência de mercado. Contudo, uma gestão de Experiência do Cliente não deve ser responsável por experiências pontuais e estratégias soltas, sem continuidade. Gerenciar o CX é uma mentalidade, não um processo. Pressupõe uma cultura centrada em empatia, pessoas e relações, em primeiro lugar; colaboradores motivados a entregar o atendimento desenhado; menos preparações padronizadas e mais vontade de resolver problemas com especificidade; soluções digitais/de TI também focadas na cultura e experiência; vontade contínua de ser melhor, diariamente. Uma pesquisa realizada pela Bain &

Company atestou que 80% das empresas entrevistadas acreditavam proporcionar experiências acima da média para seus clientes. No entanto, o público mostrou que o sentimento dos consumidores não era bem assim: apenas 8% confirmou a pesquisa. Isso sempre é bom de se lembrar, o sistema 80/8, ou seja, nem sempre a expectativa condiz com a realidade.

Portanto, é importante analisar o cenário, o mercado e o público de forma profunda e, a partir disso, começar a desenvolver estratégias eficazes de Experiência do Cliente – com base no *mindset*[1] presente na equipe. Sempre com vontade de melhorar e aprender ainda mais.

Você já entendeu o que é a Experiência do Cliente, sua gestão e o *mindset* e ainda todos esses fatores de sucesso para a implantação de um CEM com boas chances de emplacar. Mas, e aí, como implementar esse "pensamento" na cultura da empresa? Como colocar todos os funcionários na mesma página, buscando sempre fornecer o que foi desenhado para ser "A Experiência"?

---

1. Em tradução livre do inglês, a palavra significa "configuração da mente" e isso nos dá uma boa pista sobre o seu significado. De fato, quando falamos de *mindset*, nos referimos a características da mente humana que vão determinar os nossos pensamentos, comportamentos e atitudes.

"GERENCIAR O CX É UMA MENTALIDADE, NÃO UM PROCESSO"

Segundo Elisa Renault do *blog* Track.co seria:

1. *Customer Experience mindset* **começa pelo topo**

De nada adianta tentar fazer com que o foco dos funcionários esteja na Experiência do Cliente se esse pensamento não partir dos diretores, coordenadores, gerentes e outros na linha sucessória. Para que todos estejam alinhados, é crucial que o *mindset* seja um exemplo que parta das atitudes e postura dos líderes.

De forma prática, uma boa maneira de deixar isso claro para os colaboradores é incluindo tópicos de *Customer Experience mindset* em reuniões periódicas. Ilustrar os esforços que estão sendo feitos na empresa em relação à Experiência do Cliente com exemplos reais pode ser também uma boa alternativa para que as equipes se sintam inspiradas por seus gestores.

2. Alinhamento de todas as equipes

Já deixamos clara a importância de toda a empresa estar na mesma página no que diz respeito à Experiência do Cliente. No entanto, para que esse alinhamento seja, de fato, uma realidade alguns pontos práticos devem ser adotados no dia a dia.

Reuniões gerais sobre a temática e dinâmicas em grupo, feitas por iniciativa do RH, podem ser alguns exemplos.

3. Reconhecimento de responsabilidade

É claro que o aprendizado em relação à Experiência do Cliente é diário e constante. Faz parte de um esforço coletivo de uma série de pessoas e equipes. Erros existirão no caminho – porém, com eles, muitos *insights* vão surgir também.

No entanto, é fundamental que exista um senso de responsabilidade em cada colaborador, principalmente naqueles que trabalham diretamente com o cliente e com resoluções de problemas. Ao contatar um consumidor (para uma venda ou retorno relativo a um *feedback*, por exemplo), o colaborador está representando toda a companhia, suas políticas e, mais do que isso, sua imagem.

Nesse momento, é necessário que o profissional entenda a sua responsabilidade em proporcionar a melhor experiência possível diante dessa representação da empresa. Treinar esse *mindset* é ponto elementar para uma estratégia de CX. É com base nesses contatos que as impressões do público são criadas.

4. Foco na atenção e no cuidado

Já contamos como a empatia deve ser parte do *Customer Experience mindset*. No dicionário, encontramos que a empatia é a capacidade de compreender alguém emocionalmente, colocando-se "no lugar" da pessoa. Essa definição que, para alguns, já pode parecer batida, não sai de moda. E fazer com que a empatia seja parte do DNA das equipes parte da demonstração da importância da atenção e do cuidado com o cliente. Isso se, e somente se, esse for o desenho de experiência ideal feito pela empresa.

É fundamental resolver problemas e desenvolver experiências procurando estabelecer uma situação *win-win*, ou seja, boa para o público e para a empresa. No entanto, isso só será atingido a partir do momento em que a equipe realmente estiver focada em tentar entender integralmente as expectativas e aflições dos clientes.

5. Entender o limite de cada situação

Em uma empresa com *mindset* definido, já mostramos que o foco será cuidar, dar atenção e entender o cliente. No entanto, ainda que esse seja o foco, é importante também que os funcionários, principalmente aqueles que estão em contato contínuo com o público, entendam os limites existentes em cada tratativa.

Mesmo que o objetivo seja sempre fornecer a experiência desenhada para os consumidores, existirão situações – talvez mais frequentes do que se imagina – em que as possibilidades de resolução serão mais curtas ou diferentes.

RESUMO DOS FATORES DE SUCESSO

Agora que aprofundamos os principais fatores de sucesso associados ao *mindset* da empresa, poderemos dividi-los em quatro grandes pilares.

Fator de unidade e preparo da empresa: o primeiro passo para o sucesso da implantação de um programa de gerenciamento da Experiência do Cliente é que todo o seu *mindset* e a empresa de uma forma geral estejam integrados e preparados para esse salto quântico de estratégia empresarial. O CEM não pertence a um departamento, ele deve estar inserido no DNA da empresa, e por isso, muitas vezes, o processo começa com o Employee Experience, uma metodologia explicada no capítulo 10 deste livro.

Fator de recomendação: quanto maior a saturação das informações desenhadas e formadas pelo CEM, mais importante é a recomendação de terceiros para a decisão de compra. A recomendação nasce da experiência desenhada e lembrada e, a partir de um desenho excepcionalmente bem feito e uma unidade de propósito da empresa, os índices de recomendação positiva tendem a atingir novos patamares.

Fator de fidelização: o sucesso e a perenidade do negócio estão ligados à fidelização de clientes, que se mantêm ativos, recomendam e/ou recompram. O comportamento fiel está associado a fatores racionais (preço, ofertas, conveniência) e emocionais (me sinto bem, eles me valorizam, cuidam de mim ou eu quero esse produto – *status*).

Fator de meio ambiente e eficiência: menos recursos e maior competição. Otimize processos e diferencie a marca como chaves para a sobrevivência e o crescimento. Portanto, para que a empresa tenha sucesso com a implantação de um sistema de gerenciamento da experiência desejada com seus clientes, é necessário um projeto específico e de largo espectro, com o comprometimento total de todos os departamentos, a empresa como um todo (incluindo o ambiente interno e externo, *stakeholders*, conselheiros e afins). As várias equipes devem estar preparadas para lidar com todos os tipos de ocorrências – o que pode evitar rixas e atritos desnecessários. Treinamentos periódicos são necessários para agregar novas condutas, reciclar conhecimentos e, principalmente, continuar motivando o trabalho entre equipes de forma sinérgica.

É muito importante frisar que não existe caminho mágico ou pré-fabricado para o sucesso na implantação do *Customer Experience Management*. Apontamos aqui fatores básicos e gerais que auxiliarão na chegada aos objetivos e que são complementados pelo entendimento dos caminhos críticos, que é o próximo item deste capítulo. O imperativo é ter a ciência da criticidade de gerenciar a Experiência do Cliente e da dificuldade em implantar a ideia em qualquer tipo e tamanho de empresa, principalmente naquelas já estabelecidas.

CAMINHOS CRÍTICOS PARA A IMPLANTAÇÃO DO CX

Experiências de sucesso não acontecem por acaso, você precisa de um método, e existem vários. Neste capítulo, vamos fazer um compilado do caminho e das áreas críticas a cada passo.

1. A ETAPA DA DESCOBERTA

Começamos com a etapa de descobrir, uma fase de exploração em que você vai entender melhor o quanto a sua empresa está pronta, apta e em condições de implantar o *Customer Experience Management*, além de ter a oportunidade de saber quem é seu cliente e quais percepções ele tem da experiência que você oferece hoje (mesmo não a gerenciando).

Sua empresa está realmente pronta?

Torne a implantação de *Customer Experience Management* em uma transformação sustentável, com resultados positivos contínuos.

Existem diversos fatores críticos de sucesso que você deve considerar:

a. Para transformações de sucesso é preciso ter claro como a organização trata o tema hoje e aonde ela quer chegar. Utilizando ferramentas de análise de maturidade, você será capaz de verificar claramente esses dois estados e traçar um plano para alcançar os resultados desejados. Essas ferramentas, geralmente, comparam o estágio de maturidade de seu produto/serviço comparado a sua concorrência. Essa análise de maturidade investiga diversas dimensões importantes, incluindo o *mindset*, a visão, a cultura centrada no cliente, a liderança, o engajamento dos colaboradores, as ferramentas e os processos.

b. Entender o quanto sua empresa está preparada é importante para ajustar expectativas e apontar iniciativas críticas para o sucesso de seu programa de *Customer Experience.*

Conheça seu cliente e o cliente da sua concorrência

Achar que você conhece seu cliente é muito arriscado. Saber o que ele quer conduzirá sua empresa a oferecer experiências que realmente se alinharão à estratégia e ao que os estudos preliminares consideram como o caminho correto a ser perseguido. Traga resultados melhores e mais rápidos iniciando pelo diagnóstico de qual é a percepção atual da experiência de seu cliente, o que precisa ser mudado, onde há oportunidades de inovação e o que é mais importante para ele. Além disso, descubra como ele é impactado pelo seu produto ou serviço e pela concorrência. Para fazer uma avaliação correta é preciso saber quem é seu cliente, suas aspirações, com quem se relaciona, quem o influencia, seus desafios, metas, comportamentos, o que busca com seu produto ou serviço, o que mais valoriza em seu serviço, enfim, é necessário ter uma visão aprofundada dos diversos tipos de clientes de sua empresa, que, inclusive, podem ser representados por personas. *Personas* são personagens fictícios, criados a partir de *insights* de pesquisas e entrevistas, que conseguem exemplificar certos atributos e são agrupados em subtipos. A partir de entrevistas, da observação do cliente e da análise de dados psicográficos, identificam-se padrões de comportamentos e características com uma visão bastante humanizada, que contribuem para você melhorar sua habilidade de entender seu cliente com empatia. *Personas* têm se popularizado com a adoção de *Design Thinking*, mas cuidado, não as crie sozinho, sem entrevistas e pesquisas junto a seus clientes. *Personas* criadas dessa forma, ou protopersonas, correm o sério risco de não representarem corretamente quem são seus clientes, comprometendo a solução a ser desenvolvida e o resultado final no crescimento e na produtividade da empresa.

Compile informações importantes

Complementando as personas nesta fase de exploração, torna-se importante reunir pesquisas de satisfação, importantes para uma visão quantitativa de causas; pesquisas de *Benchmark*, importantes para uma visão de como sua empresa está em relação a seus concorrentes; e insumos que componham a voz do cliente, incluindo *feedback* não solicitado, como em relatórios do *call center*, ferramentas de monitoramento de mídias sociais ou *sites* de reclamação. Não se esqueça de uma das fontes mais importantes, seus colaboradores, principalmente os que trabalham na linha de frente, atendentes do *call center*, vendedores, gerentes de contas e técnicos, entre outros. O contato frequente desses colaboradores com o cliente permite que apontem problemas e necessidades não atendidas. Você vai encontrar histórias interessantes que vão surpreendê-lo e poderão ser usadas como um poderoso instrumento para sensibilizar líderes e colaboradores sobre a importância de melhores experiências (importante no pilar Unidade da Empresa).

Finalmente, se o seu orçamento e prazo permitirem, revele o que seus concorrentes estão fazendo em termos de Experiência do Cliente. Pesquisas ou metodologias de *Benchmarking*[2] ajudarão, mas você pode também pesquisar em redes sociais as vagas cujo título contenha CX ou *Customer Experience* ou *Customer Experience Management* ou *Customer Success*, em *sites* como o LinkedIn e grupos de discussão, certamente utilizando o apoio de sua área de análise competitiva. Existem consultorias especializadas que poderão lhe oferecer um amplo espectro de metodologias apropriadas não só para a inteligência competitiva, mas como suporte para implantação do *Customer Experience Management*.

Descubra como o cliente percebe as interações com sua empresa, mapeie a jornada do cliente, uma ferramenta prática e de rápida aplicação que deve ser usada para entender a experiência atualmente oferecida. O mapa da jornada representa de forma gráfica as interações de suas *personas* nos diversos pontos de contato com sua organização, entendendo seus pensamentos e sentimentos, registrando as trocas existentes, as falhas no atendimento de suas expectativas e os pontos altos e baixos desse relacionamento.

Faça o *checklist* **dos passos críticos para a implantação do CEM:**

– Aponte desafios e novas oportunidades de negócio, incluindo também parceiros.
– Alinhe a organização de forma a chegar ao consenso.
– Compartilhe, trazendo foco e coerência à estratégia de Experiência do Cliente.
– Mova sua organização de uma visão predominante de dentro para fora para uma visão a partir da perspectiva do cliente.
– Reduza a complexidade – menor complexidade, menor custo.
– Derrube silos, tribos e ajuntamentos, promova colaboração real e efetiva entre departamentos.

---

2. *Benchmarking* é uma análise estratégica das melhores práticas usadas por empresas do mesmo setor que o seu. *Benchmarking* vem de *"benchmark"*, que significa 'referência', e é uma ferramenta de gestão que objetiva aprimorar processos, produtos e serviços, gerando mais lucro e produtividade.

2. A ETAPA DO DESENHO DA EXPERIÊNCIA

Desenhe a nova experiência que você deseja para seus clientes (pode ser de forma geral ou segmentada por *persona*). Entendendo as falhas e oportunidades de melhoria apontadas na Etapa de Descoberta, você vai responder qual deve ser a nova experiência. Algumas situações podem ser sanadas rapidamente, os chamados ganhos rápidos, incluindo aqui eliminar atividades que não agreguem valor. Ganhos rápidos geralmente envolvem ajustes de procedimentos e pequenas orientações. Algumas melhorias, no entanto, envolverão mais recursos, podendo incluir ajustes ou modificações extremas em sistemas, treinamento de colaboradores, revisões em políticas e regras de negócio.

Inovação

Você pode iniciar com ganhos rápidos e melhorias incrementais para sustentar a iniciativa e, assim, ampliá-la em outras jornadas, mas os grandes ganhos podem estar em inovar de fato a experiência oferecida. Antes de começar a implantar as melhorias, é importante verificar se não podemos inovar nossa forma de oferecer a experiência, seja lá qual for a maneira que desenhemos no final do processo (lembro que nem só de boas experiências são feitos os grandes resultados, vide casos de *pain experience*[3]).

Não há inovação sem ideias novas.

Começando com atividades simples e sem custo como o *brainstorming*[4] você vai explorar, entre outras coisas, a pergunta "E se?" e criar cenários para gerar ideias e alternativas ao *status quo*. Na verdade, durante o processo de criação da jornada do cliente, você certamente já teve diversas ideias novas. Existem inúmeras

---

[3]. Quais são os pontos de dor do cliente? Um ponto problemático pode ser uma questão específica que os clientes em potencial da sua empresa estão enfrentando, ou ainda uma experiência especificamente desenhada para que ele sinta dor, no caso, por exemplo, de busca por *status*.

[4]. Técnica de discussão em grupo que se vale da contribuição espontânea de ideias por parte de todos os participantes, no intuito de resolver algum problema ou de conceber um trabalho criativo.

técnicas para provocar a inovação, você pode por exemplo negar sua indústria, como o iFood fez, ao criar um serviço proprietário de entrega, estocagem, consultoria e geração de pedidos que não existia no mercado formal de alimentação. *Brainstorming* com um facilitador hábil, pessoas corretas, desafio bem definido, modelo mental certo, empatia e estímulos corretos e método para agrupar e formar conceitos lhe permite gerar e selecionar ideias, transformá-las em soluções detalhadas e então avaliá-las, utilizando critérios tanto para o cliente quanto para o negócio. As ideias e os ajustes apontados para a nova experiência que você deseja oferecer podem ser mapeados em uma nova versão da jornada do cliente, guiando o desenvolvimento de um protótipo que vai testar as hipóteses levantadas. Mapear a jornada pode ser feito em pouco tempo e ter um custo comparado a uma pesquisa ou teste de qualidade; não substitui pesquisas, já que é um complemento, mas contribui decisivamente na descoberta de necessidades não atendidas e sentimentos não expressados no contexto de toda a experiência.

3. A ETAPA DA IMPLANTAÇÃO

Por fim, mas não menos importante, a implantação de um sistema de medição (como por exemplo o NPS, *Net Promoter Score*) vai lhe permitir tomar melhores decisões e agir de forma rápida e precisa para criar promotores e diminuir a quantidade de detratores.

Após entender como seu cliente percebe as interações com sua empresa e o impacto que isso traz para o seu negócio no que se relaciona ao que precisa e pode melhorar, você pode continuar por diferentes caminhos, incluindo:

- Avaliar como sua empresa se encontra e aonde quer chegar em termos de CX.
- Implantar um sistema de medição da Experiência do Cliente.
- Refinar a avaliação do impacto causado pelas experiências oferecidas atualmente.
- Executar um projeto-piloto.

Meça a percepção da experiência desde o início

Para saber se suas ações de melhoria estão de fato sendo percebidas positivamente pelos clientes, você precisa medi-las. Meça de forma rápida e frequente, comunique eficazmente os resultados e, principalmente, aja sobre eles.

Refine o entendimento do impacto das experiências

Uma das razões-chave de qualquer iniciativa corporativa não se sustentar é a falta de capacidade de se demonstrar seu retorno em termos de resultados financeiros.

Com orçamentos apertados e uma competição acirrada por recursos, torna-se fundamental ter uma forma clara para medir o sucesso da melhoria da experiência de seu cliente. Esse exercício, além de fortalecer sua proposta de valor, vai ajudá-lo a investigar como cada líder é impactado pela Experiência do Cliente, seja seu CEO/ presidente, CFO, diretores de marketing, atendimento ao cliente, vendas, operações, financeiro ou o proprietário da organização, e relações mensuráveis de causa e efeito entre suas metas e desafios e os resultados obtidos.

Faça um projeto-piloto, reduza riscos e aumente sua chance de sucesso

A partir da jornada do cliente concluída com as hipóteses acordadas, você deve desenvolver protótipos das soluções escolhidas, geralmente aplicados para um conjunto menor de clientes, departamentos ou pessoas, que permitam testar e validar a nova experiência. Uma vez validada, é hora de escalar, expandindo os benefícios alcançados. Os protótipos vão economizar recursos, apontar ajustes mais rapidamente e evitar erros que poderiam comprometer a iniciativa. Inclua todas as ações priorizadas em um plano que descreva objetivos, entregas, prazos, benefícios e responsáveis. Obtenha os recursos e o envolvimento de seu patrocinador para dar o pontapé inicial do projeto-piloto e ter seu apoio durante a execução. Você deve apontar um gerente desse projeto que vá aplicar os processos de gestão necessários para que as entregas sejam concluídas no prazo e dentro do custo e das expectativas acordadas. Em tempos em que a velocidade e acuidade das informações são chaves, é recomendável, sempre que possível, a aplicação de métodos de gestão ágeis como o SCRUM ou o AGILE, que vêm revolucionando a forma de alcançar sucesso em projetos.

Resumindo:

- Ao implantar o *Customer Experience Management*, monitore e meça com frequência os resultados da experiência utilizando indicadores que dimensionem o sucesso sob a perspectiva do cliente, como por exemplo o NPS.

- O *feedback* regular da experiência vai permitir que você entenda quais são os direcionadores que conduzem à retenção, lealdade e recomendação de seus clientes.
- Ao associar os comportamentos alcançados pela melhoria da experiência aos resultados de negócio você poderá tomar melhores decisões de onde investir e acelerar as mudanças.
- Este é um processo de melhoria contínua, o *feedback* dos resultados alimenta um novo ciclo de planejamento, execução, verificação e ajustes para o alcance dos objetivos.
- A implantação de CX é uma jornada e não um único projeto. O que foi escrito até esse ponto tem como objetivo servir como inspiração e conhecimento, mas é somente um dos vários e possíveis pontos de partida.
- As iniciativas apontadas para alcançar o estado de maturidade desejado, juntamente com a implantação de um projeto-piloto de sucesso, são passos importantes da jornada de transformação de sua organização.
- Uma organização onde as pessoas gostam do que fazem, se sintam seguras e tenham relacionamentos fortalecidos por meio do estímulo à empatia e à criatividade é o ambiente ideal para que o *Customer Experience Management* prospere.
- No final, um CEM de sucesso tornará sua organização mais forte, com uma vantagem competitiva única, que atrairá e manterá talentos e encantará seus clientes, acionistas e você, o dono do negócio.

> "CUSTOMER EXPERIENCE MINDSET COMEÇA PELO TOPO"

12

MEDINDO E MELHORANDO EXPERIÊNCIAS

por André Luiz Camacho da Silveira

Frequentemente atribuída ao "fundador da gestão moderna", Peter Drucker, a frase "O que se mede se gerencia" não poderia deixar de se aplicar também à Experiência do Cliente.

Mostrar de forma clara e simples que os resultados de melhores experiências para os clientes geram crescimento para o negócio é fundamental para colocar CX na agenda de prioridades da alta gestão.

Ao buscar o entendimento da situação atual de sua empresa em relação ao tema Experiência do Cliente, seja para sensibilizar um executivo, obter recursos para dar os primeiros passos de sua jornada de transformação em uma organização centrada no cliente ou para acompanhar o desempenho de seu programa de CX, você precisa medir resultados para diagnosticar o que está acontecendo e, se necessário, mudar de curso para obter melhores índices.

Imersos em um modelo mental criado na Revolução Industrial, costumamos medir desempenho e resultados com uma visão "de dentro para fora"; por exemplo, TMA (Tempo Médio de Atendimento), um indicador cujas metas geralmente são buscadas na sua redução, estimula, muitas vezes, comportamentos contrários a uma boa Experiência do Cliente. Imagine como se sente um cliente que sequer queria ligar para sua central de atendimento e quando o faz acaba se sentindo tratado com pressa ou superficialidade.

Crenças limitantes, estruturas hierarquizadas e a pressão por resultados de curto prazo acabam contribuindo para manutenção do status quo da forma como trabalhamos, da falta de questionamentos e de ações necessárias a um novo modelo mental.

Empresas centradas no cliente adotam uma visão "de fora para dentro", em que o que importa não é só como seu trabalho é feito, mas também como seu trabalho impacta a vida de seu cliente, como torna a sua vida mais fácil, mais simples e bem-sucedida.

Dentro deste momento de transformação complexo pelo qual as organizações passam, empresas vêm buscando sistemas de medição da Experiência do Cliente que possam demonstrar de forma quantitativa o retorno de iniciativas que proveem melhores experiências a seus clientes.

Sistemas de medição

Sistemas de medição de satisfação com carinhas, conhecidos por *smileys*, não permitem saber o que está sendo medido, não há correlações confiáveis entre carinhas felizes e aumento de receita.

"EMPRESAS CENTRADAS NO CLIENTE ADOTAM UMA VISÃO 'DE FORA PARA DENTRO'"

Painéis com botões de carinhas são colocados em lugares inapropriados, como próximo ao caixa, ou em saídas de lojas, onde algumas vezes existe uma vendedora ao seu lado para "ajudar", o que afasta respostas verdadeiras, principalmente em países latinos como o nosso, onde muitos consumidores não gostam de dar notas ruins.

Pesquisas de satisfação de clientes geralmente têm baixa taxa de resposta, não há padrão de escala. O que significa ter 83% dos clientes satisfeitos?

Existem outros sistemas de mensuração como o CES – *Customer Effort Score* – descrito no excelente livro *The Effortless Experience*[1], cujos dados apresentados mostram que interações de atendimento têm a probabilidade de gerar quatro vezes mais infidelidade do que fidelidade do cliente.

No livro, seus autores demonstram que encantar o cliente não gera mais fidelidade do que simplesmente atender às suas expectativas. Sua empresa precisa na verdade oferecer experiências que gerem o menor esforço para seu cliente, afinal, se nos colocarmos em seu lugar, sabemos que existem coisas bem melhores a fazer do que ligar para uma central de atendimento para resolver um problema que sequer causamos.

Dentre alternativas, que desencorajo, está o uso de sistemas como CSAT – *Customer Satisfaction Score* – composto por diversas métricas, que requer respostas a várias perguntas que exigem do cliente a atribuição de notas a uma lista de coisas. Sua maior desvantagem está na dificuldade de sua explicação e entendimento, que gera um alto risco de descrédito e, por consequência, uma alta taxa de abandono de uso.

Métricas compostas levam muito tempo para serem explicadas e contribuem negativamente no engajamento necessário para sua adoção.

1. *The Effortless Experience*. Matthew Dixon, Nick Toman e Ricki DeLisi.

NPS

Provavelmente você trabalha para uma organização que busca lucro. Assim, se você não tiver credibilidade em finanças, seu CFO *(Chief Financial Officer)*, ou diretor de finanças, certamente será fundamental para o sucesso de um programa de CX e, por consequência, de sua implantação.

Você vai precisar estar alinhado a três temas:

– Mostrar a relação entre tendências de sua métrica e tendências de receitas.

– Calcular o CLV *(Customer Lifetime Value)*, ou seja, fazer uma previsão do lucro líquido de um cliente durante o relacionamento futuro com sua organização.

– Tratar seus clientes como ativos.

Demonstrar o retorno de melhores experiências com o aumento de receitas e o crescimento do negócio é a chave para sustentar qualquer iniciativa de CX.

Certamente, uma das abordagens de medição mais conhecidas é o uso do NPS. Inicialmente entendido como um indicador, o *Net Promoter Score* evoluiu para uma filosofia de gestão, um sistema conhecido por *Net Promoter System*.

Depois de dois anos pesquisando sobre fidelidade do cliente, Fred Reichheld descobriu algo surpreendente, e ao mesmo tempo contraintuitivo, pelo menos na época: respostas para uma pergunta específica previam fidelidade do cliente, logo, previam tendências de receita em grande parte das indústrias.

Fred e sua equipe estudaram 4.000 clientes em 14 diferentes indústrias, usando 20 perguntas desenhadas com seus colegas da Bain & Company no questionário *Loyalty Acid Test*.

Em 11 das 14 indústrias, uma única pergunta tinha a maior correlação estatística com fidelidade: "Qual é a probabilidade de você recomendar X para um colega ou amigo?".

Por meio de observação e o uso de uma escala por ele criada, descobriu que pessoas que davam a nota 9 ou 10 tendiam a comprar mais e promover ativamente o produto, serviço ou marca. Essas pessoas foram então chamadas de "promotoras".

Aquelas que davam nota 7 ou 8 estavam "passivamente satisfeitas" e tendiam a não dizer muita coisa. Já as demais, que davam notas de 0 a 6, falavam e se comportavam negativamente. Assim, foram denominadas "detratoras". O NPS foi definido com um número calculado pela diferença entre o percentual de promotores e detratores.

Um sistema em evolução

O sistema vem sendo atualizado constantemente, você pode encontrar *podcasts* e outros recursos em www.netpromoter.com.

Uma de suas importantes evoluções foi a inclusão de duas perguntas: "Por quê?" e "O que devemos melhorar?".

A primeira questão permite entender as causas da nota atribuída. Com ferramentas adequadas de análises de dados não estruturados, você pode classificar as causas e assim atuar naquilo que for mais importante e frequentemente apontado.

A resposta da segunda pergunta complementa o entendimento da nota e sugere mudanças a partir da perspectiva do cliente, contribuindo como subsídio às ações planejadas, seja para melhorar experiências de detratores ou manter experiências de promotores.

Principais funcionalidades

Dentre as principais características do NPS, vale destacar:

MEDINDO E MELHORANDO EXPERIÊNCIAS

QUAL A PROBABILIDADE DE VOCÊ NOS RECOMENDAR A UM AMIGO?

ALTAMENTE PROVÁVEL — 10 9 | 8 7 | 6 5 4 3 2 1 0 — MUITO IMPROVÁVEL

PROMOTORES — NEUTROS — DETRATORES

% - % = NPS

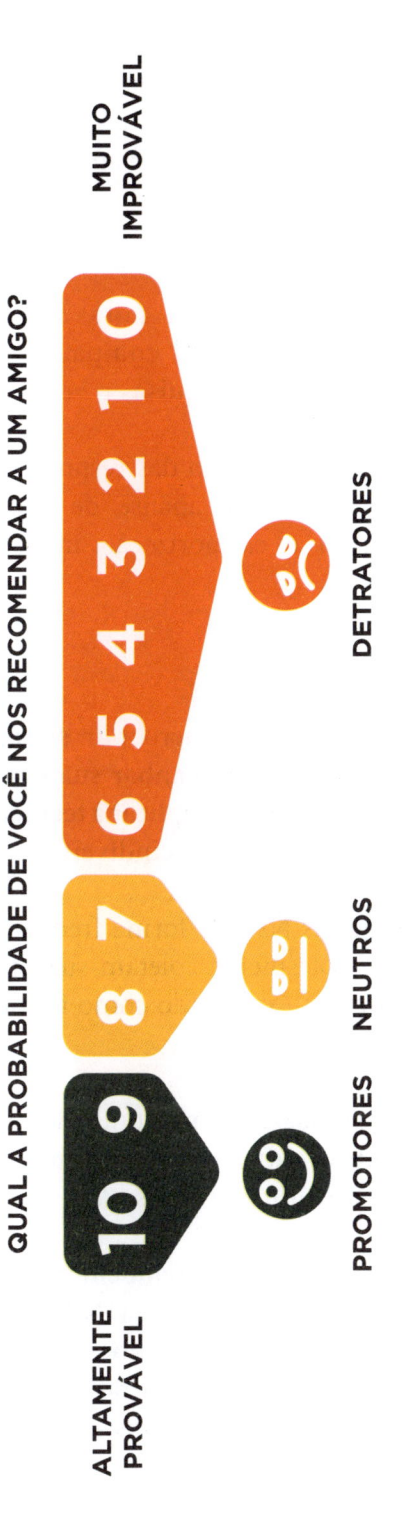

O QUE O LEVOU A DAR ESTA NOTA?

Fonte: André Luiz Camacho da Silveira

- Fácil de comunicar porque é fácil de implantar o sistema básico de perguntas e relatórios.
- A taxa de resposta costuma ser alta, quando implementado corretamente, com poucas perguntas.
- Uma das métricas mais adotadas internacionalmente para medir experiências de clientes.
- Para você saber se a sua é uma boa nota não basta apenas o valor do NPS, é fundamental comparar com a concorrência, requerendo acesso a pesquisas e *benchmarks* de sua indústria.
- O maior desafio está na análise do texto das respostas. Você vai precisar de um bom sistema de análise de texto em português para uma triagem e categorização inicial, que elimine o viés humano.

Cuidados importantes

NPS não é pesquisa de satisfação. O número por si só, sem contexto, não diz nada. Você precisa acompanhar sua evolução na sua organização e nos seus concorrentes e aplicar a técnica com cuidados necessários e, algumas vezes, imprescindíveis.

Você já deve ter recebido pesquisas NPS de forma frequente, ou realizadas por empresas que simplesmente coletam sua opinião, mas sequer agradecem ou retornam explicando como foi ou será utilizado seu *feedback*.

Algumas empresas nem mesmo fazem a pergunta do porquê da sua nota, outras fazem diversas outras perguntas, ou utilizam escalas coloridas que criam viés e distorcem notas.

Por ser um sistema simples, ele torna-se também manipulável. Empresas, na ansiedade de aumentarem seu NPS, atrelam resultados à remuneração e acabam estimulando seus colaboradores da linha de frente a pedirem uma boa nota aos clientes, quando deveriam estar motivados apenas pelo desejo de melhorar.

O verdadeiro valor do NPS

Na sua versão atual, como uma filosofia de gestão, o NPS contempla processos de *feedback*, aprendizado e melhoria. Colaboradores de linha de frente dotados de *feedbacks* frequentes têm autonomia para agir rapidamente para melhorar a Experiência do Cliente.

Munidos de dados operacionais e de mercado, além de análises de causas-raiz dos problemas dos clientes, equipes recomendam e priorizam iniciativas de melhoria.

Da contratação de pessoas com valores alinhados a uma cultura centrada no cliente à disposição de instrumentos apropriados, treinamento e educação no sistema, colaboradores são mentoreados e reconhecidos por sua adesão às práticas recomendadas.

Como suporte do sistema estão uma liderança comprometida em colocá-lo em prática, uma infraestrutura operacional que captura e distribui informações para as pessoas certas no momento certo, além de uma forte capacidade analítica.

Para que a implantação do NPS se sustente é preciso credibilidade. Correlacionar tendências de medições do NPS com tendências de aumento de receita ou participação de mercado é uma tarefa difícil, principalmente se você não tiver histórico.

Você irá precisar de analistas de dados, além de obter a confiança das pessoas até obter informações suficientes. Isso pode levar tempo e trazer o risco de perda do seu patrocínio.

Apesar da simplicidade de sua concepção, o verdadeiro valor do NPS está na capacidade de sua organização colocar em prática o NPS em sua forma de filosofia de gestão, em que, muito mais que um número, os colaboradores têm líderes comprometidos, ferramentas, conhecimentos e motivações certas para continuarem a oferecer experiências que façam a organização crescer ao fidelizar clientes, estender o *Customer Lifetime Value* e não perdê-los para a concorrência.

13

COMO USAR DADOS PARA AUMENTAR O ROE - *RETURN ON EXPERIENCES*

por André Luiz Camacho da Silveira

Melhores experiências estão contribuindo para aumentar nossa participação de mercado? O que faz nossos clientes nos deixarem? Qual foi o valor da perda de receita causada por aqueles que nos abandonaram?

As organizações devem tratar seus clientes como seus principais ativos, portanto, devem medir o impacto de experiências entregues de ponta a ponta em seu negócio.

Clientes são a razão da existência de qualquer organização, assim, otimizar o *Lifetime Value*[1] é chave para qualquer negócio.

Estabelecer uma relação entre as melhores experiências e o crescimento do negócio é a chave para desenvolver e sustentar uma cultura centrada no cliente.

1. *Lifetime Value*: previsão do lucro líquido de um cliente durante o relacionamento futuro com sua organização.

Fonte: André Luiz Camacho da Silveira

Como vimos no capítulo Medindo e Melhorando Experiências, ao implantar a filosofia NPS você pode identificar seus promotores e detratores, entender seus comportamentos, sua frequência de compra, tíquete médio, recomendações, custo de atendimento e, assim, estabelecer quanto valem.

Ao entender seu valor você pode priorizar suas ações para converter detratores em promotores, que custam menos, compram mais e ainda fazem publicidade positiva de sua marca.

Se o seu sistema de medição não prediz receita, você está utilizando o fornecedor ou o sistema de medição errados.

Você precisa de um sistema que forneça uma visão geral de toda a experiência em um determinado período e, em um segundo nível, medições em cada momento da verdade da jornada de seu cliente.

A Experiência do Cliente envolve percepções que vão dos produtos e serviços que a empresa oferece até as que sentem e pensam em cada etapa de relacionamento, seja ao aprender sobre o produto, ao comprá-lo ou usá-lo. Assim, torna-se crítico monitorar a Experiência do Cliente em todo o seu ciclo de vida.

Em experiências cada vez mais digitais, dados são coletados em abundância e fazem do *Data Analytics* o mais poderoso instrumento para tomar decisões que gerem impacto positivo no negócio.

Marketing Analytics empodera organizações para:

- Obter **mais *leads* qualificados**, estreitando a parceria entre marketing e vendas.
- Extrair *insights* utilizados para medir e **aumentar o ROI de campanhas**.
- **Otimizar investimentos de marketing**, utilizando dados de clientes.
- **Compreender a propensão de gastos** de seus clientes.
- **Apontar e tratar** causas de **perdas de clientes**.
- Identificar fatores responsáveis pela entrega de **experiências que fidelizem e aumentem receitas**.

Análises preditivas, utilizadas inicialmente apenas por grandes marcas como Amazon e Netflix, estão encontrando agora sua adoção em médias e pequenas empresas.

Áreas de marketing conseguem alocar seu orçamento de acordo com o valor de seus clientes e aumentar seu retorno; tornou-se possível crescer de forma mais lucrativa focando mais tempo e recursos em ações de retenção e reativação de clientes.

As infinitas possibilidades vão da capacidade de oferecer a melhor oferta para se alcançar a conversão à condução de um cliente para um canal de autoatendimento que ofereça uma experiência eficaz e ao mesmo tempo reduza custos de atendimento.

Marketing Analytics pode prever por que um cliente vai deixar sua empresa, sinalizando quem está em risco de partir, o que permite que ações preventivas sejam tomadas para retê-lo.

A predição de comportamentos e preferências permite a personalização de experiências que aumentem o *Lifetime Value* do cliente.

"MARKETING ANALYTICS PODE PREVER POR QUE UM CLIENTE VAI DEIXAR SUA EMPRESA, SINALIZANDO QUEM ESTÁ EM RISCO DE PARTIR, O QUE PERMITE QUE AÇÕES PREVENTIVAS SEJAM TOMADAS PARA RETÊ-LO"

Ao aumentar o valor do *Lifetime Value* de toda a sua base de clientes, você aumenta o valor de sua empresa como um todo.

Desafios e obstáculos no uso de dados

Líderes de marketing lutam para integrar plataformas com o objetivo de entender melhor seus *prospects* e clientes *online* e *off-line*, revelando *insights* que incluem não só entender quem são seus clientes, mas também seus comportamentos de compra para, assim, agir no momento certo, com a oferta e experiência certas.

Dados com erros, duplicados e espalhados em diversos sistemas estimulam organizações na busca por torná-los estruturados e utilizáveis, um passo importante para uma jornada de sucesso na aquisição de fluência em dados.

Relatórios confusos, incompletos, com informações irrelevantes para tomada de decisão, desatualizadas e muitas vezes não confiáveis, são alguns dos obstáculos essenciais que precisam ser ultrapassados.

Empresas costumam se equivocar em sua estratégia ao concentrar investimentos em tecnologia, quando o desafio maior está nas pessoas e nos processos necessários para alcançar resultados impactantes.

Fluência em dados

Como na aprendizagem de um idioma, para se adquirir fluência em dados uma série de competências precisam ser desenvolvidas, envolvendo principalmente seus consumidores de dados que devem ter não só habilidades analíticas, mas também a capacidade de tomar ações corretas.

Análises impactantes = análise de dados + ações certas

Gestores munidos de instrumentos corretos a partir do entendimento certo de seus desafios estabelecem hipóteses, fazem perguntas aos dados com ferramentas de visualização fáceis de usar e estabeleçam correlações de causa e efeito cujos testes, orientados por *insights* de suas análises, os conduzem na tomada de melhores decisões.

A partir de um sistema de medição composto por métricas relacionadas e o uso de plataformas de análise de dados conectadas a informações de diferentes fontes, painéis visuais representam medições de experiências em seus diversos canais e pontos de contato, criando uma única fonte da verdade, que pode ser compartilhada com toda a organização.

Autoatendimento

Tomar a decisão correta é tão importante quanto tomar uma decisão antes da concorrência ou no tempo de resposta que seu cliente demanda.

Análises de dados precisam ser feitas de forma rápida e fácil por equipes que os conheçam e, principalmente, conheçam o negócio. A evolução da tecnologia trouxe aos gestores de negócio plataformas de análises de dados fáceis de serem utilizadas, proporcionando a eles a capacidade de se autoatenderem, com pouca, ou até mesmo nenhuma, dependência de terceiros, como departamentos de TI, comumente sobrecarregados.

Os resultados são decisões melhores e mais rápidas, providos pelo apoio importante de uma TI parceira que suporta este processo em termos de arquitetura, estruturação, tratamento e acesso aos dados, de forma a garantir a qualidade, a confiança e a segurança necessárias.

Alfabetização em dados

Você não precisa se tornar um cientista de dados ou especialista em Inteligência Artificial para extrair valor de suas informações.

O QUE É ANALYTICS?

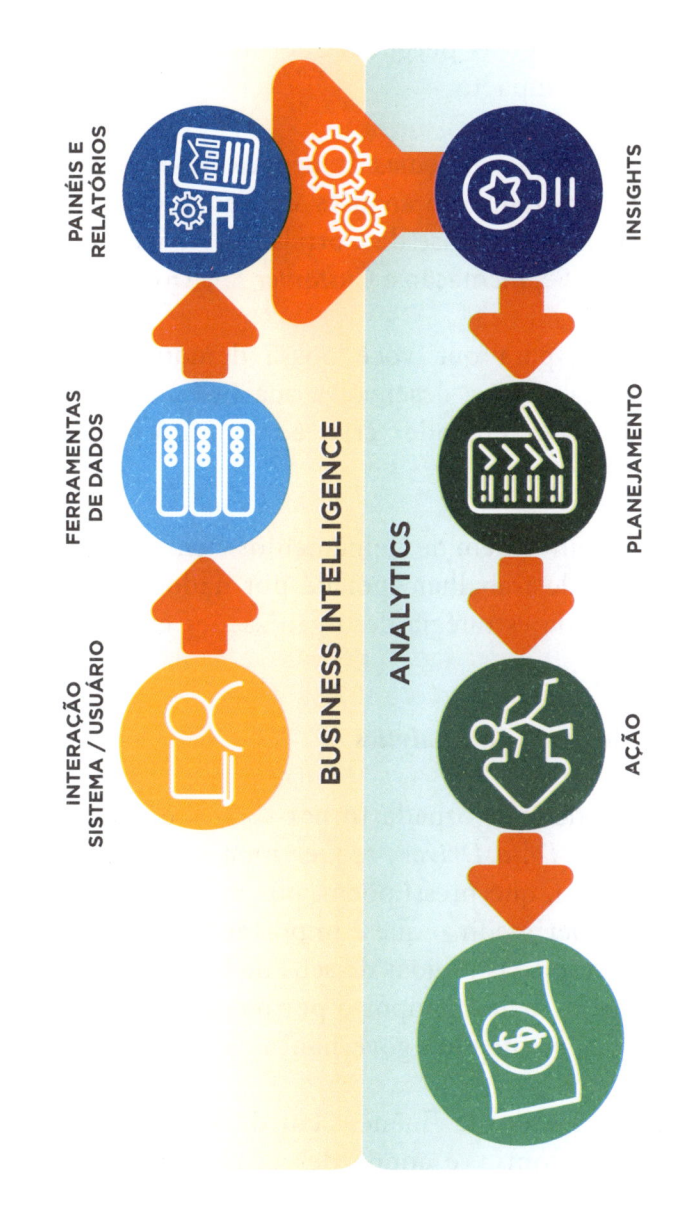

BUSINESS INTELLIGENCE
- INTERAÇÃO SISTEMA / USUÁRIO
- FERRAMENTAS DE DADOS
- PAINÉIS E RELATÓRIOS

ANALYTICS
- INSIGHTS
- PLANEJAMENTO
- AÇÃO

Fonte: *Behind Every Good Decision*. Priyanka, Jain & Puneet Sharma

Talvez você não se sinta confortável com números e tenha receio de enveredar em *Data Analytics*, mas é importante ressaltar que o entendimento do negócio está acima da matemática; fazer as perguntas certas é a chave para gerar resultados de impacto.

Cerca de 80% dos problemas de negócio podem ser resolvidos conhecendo métodos de análises de dados de negócio como Análise Agregada, Análise de Correlação, Análise de Tendência e Estimativas, Segmentação e *Customer Life Cycle*.

Dessa forma, para que você possa demonstrar mais valor para sua organização, desenvolva sua fluência em dados, sua capacidade de ler, entender, criar e comunicá-los na forma de informação.

O tema vai muito além de treinamentos e envolve uma mudança na forma de trabalhar apoiada por dados, outro elemento fundamental da estratégia de organizações em transformação digital.

Maturidade em *Data Analytics*

Por se tratar de uma jornada, tornar-se uma organização orientada a dados, *Data Driven*, requer uma série de ingredientes para o sucesso, que pressupõem, por exemplo, a adoção pela liderança, saber medir o que é importante, fazer boas perguntas e obter respostas rápidas de seus dados, suportadas por um ecossistema de dados composto por tecnologias e serviços que garantam sua qualidade e governança.

Entender o estado de fluência em dados em que sua organização se encontra, e aonde deseja chegar, permite definir e priorizar ações que gerem resultados de curto prazo e orientem o caminho para o progresso contínuo e sustentável, além de evitar erros que acabem desacreditando sua aplicação no negócio.

Se sua empresa estiver dando os primeiros passos no tema, aconselha-se que comece pequeno, experimente, demonstre valor gerando resultados impactantes de curto prazo e então expanda seus benefícios ao resto da organização.

Acreditamos que não é possível ser uma organização verdadeiramente centrada no cliente sem tornar seus dados sobre eles disponíveis para todos, principalmente para colaboradores que lidam diretamente com os clientes.

Um sistema de métricas e metas claras, apoiado por pessoas alfabetizadas em dados, com a devida autonomia de acesso, provê a capacidade de entender e melhorar experiências que atraiam e fidelizem clientes de forma lucrativa, fato essencial a organizações que desejam se manter competitivas.

PARTE II

PROCESSOS, TECNOLOGIAS E FERRAMENTAS DO *CUSTOMER EXPERIENCE*

14

OMNICHANNEL E O *CUSTOMER EXPERIENCE*

por Andrea Naccarati de Mello

As novas tendências de comportamento do cliente apontam para o Cliente *Omnichannel*, de perfil mais antenado, mais conectado, que busca experiências mais fluidas com as empresas – e é muito mais exigente.

O cliente acessa a empresa por meio de vários canais, isso é fato, e essa escolha é exclusivamente dele. A empresa, por sua vez, trata a informação desse cliente de maneira distinta, no que se relaciona a adotar a estratégia *Omnichannel* ou a abordagem *Multichannel*. Enquanto no *Multichannel* não existe integração dos dados do cliente, o que significa que ele não é tratado como único dentro da empresa, e sim com duplicação e/ou até mesmo desinformação, no *Omnichannel* cada vez que o cliente acessa qualquer canal da empresa tem a satisfação de ver que sua informação está lá, integrada, e que a organização se preocupa em saber quem ele é, em entender o seu histórico de compras, etc., para melhor situá-lo.

O segredo do *Omnichannel* é ter uma visão holística do cliente, independentemente do canal que ele esteja usando. Já no *Multichannel*, isso não acontece.

"AS NOVAS TENDÊNCIAS DE COMPORTAMENTO DO CLIENTE APONTAM PARA O CLIENTE *OMNICHANNEL*, DE PERFIL MAIS ANTENADO, MAIS CONECTADO, QUE BUSCA EXPERIÊNCIAS MAIS FLUIDAS COM AS EMPRESAS - E É MUITO MAIS EXIGENTE"

OMNICHANNEL E O CUSTOMER EXPERIENCE

OMNICHANNEL

- TELEFONE
- MÍDIAS SOCIAIS
- MOBILE
- WEBSITE
- LOJA

Todos os canais disponíveis para o consumidor e conectados

MULTICHANNEL

- TELEFONE
- MÍDIAS SOCIAIS
- MOBILE
- WEBSITE
- LOJA

Todos os canais disponíveis para o consumidor, mas não integrados

Fonte: @fitsmallbusiness.com

Omnichannel é a integração de dados do cliente, experiência contínua, plataformas unificadas, marketing unificado e com sinergia entre todos os canais, personalização no atendimento, propósito de marca compartilhado entre todos os setores da empresa, mesmo padrão de qualidade de atendimento, independente da maneira de acesso do consumidor.

Dados de diferentes fontes mostram que, quanto mais canais o cliente estiver usando, mais ele gastará, e quanto mais satisfeito ele estiver com a sua experiência com a empresa, maiores chances de ser leal a ela e não trocar de marca (o investimento em manutenção de clientes fiéis é muito menor do que o de prospecção de novos).

Quando se fala em *Customer Experience, Multichannel* não é mais opção, uma vez que vai na contramão do que o cliente espera em termos de atendimento e experiência com as empresas.

Empresas que ainda não se adequaram a tudo isso precisam correr!

"O SEGREDO DO *OMNICHANNEL* É TER UMA VISÃO HOLÍSTICA DO CLIENTE, INDEPENDENTEMENTE DO CANAL QUE ELE ESTEJA USANDO"

15

CUSTOMER RELATIONSHIP MANAGEMENT. PASSADO?

por Andrea Naccarati de Mello

Conforme mencionei anteriormente, o marketing evoluiu ao longo do tempo do foco no produto para o foco no consumidor, para os valores, e assim por diante.

Apesar do marketing voltado para o consumidor não ser algo novo, muito pelo contrário, ele ainda é muito atual. O cliente quer ser entendido, bajulado, deseja ter experiências customizadas para se relacionar com a empresa numa relação um para um. Diante desse cenário, o marketing e demais áreas da empresa precisam se preparar para garantir resultados sustentáveis.

EXPERIÊNCIAS QUE DEIXAM MARCAS (CX)

	MARKETING 1.0 Marketing centrado no produto	MARKETING 2.0 Marketing voltado para o consumidor	MARKETING 3.0 Marketing voltado para os valores
OBJETIVO	Vender produtos	Satisfazer e reter os consumidores	Fazer do mundo um lugar melhor
FORÇAS PROPULSORAS	Revolução Industrial	Tecnologia da informação	Nova onda de tecnologia
COMO AS EMPRESAS VEEM O MERCADO	Compradores de massa com necessidades físicas	Consumidor inteligente, dotado de coração e mente	Ser humano pleno, com coração, mente e espírito
CONCEITO DE MARKETING	Desenvolvimento de produto	Diferenciação	Valores
DIRETRIZES DE MARKETING DA EMPRESA	Especificação do produto	Posicionamento do produto e da empresa	Missão, visão e valores
PROPOSIÇÃO DE VALOR	Funcional	Funcional e emocional	Funcional, emocional e espiritual
INTERAÇÃO COM CONSUMIDORES	Transação do tipo um-para-um	Relacionamento um-para-um	Colaboração um-para-muitos

Fonte: *Marketing 3.0. As forças que estão definindo o novo marketing centrado no ser humano.* Philip Kotler

O CRM, *Customer Relationship Management*, ou Gestão de Relacionamento com o Cliente, é uma prática de gestão que coloca o cliente como prioridade do negócio e serve ao objetivo de gerir processos de relacionamento que resultem em sua satisfação e aumento de receita para a empresa.

CRM não é exclusivo da área de marketing, nem de vendas, nem de atendimento ao cliente. CRM pressupõe uma mudança cultural da empresa, em que todas as áreas focam no cliente em todas as suas atividades para gerar satisfação, confiança, relacionamento e fidelização.

Fonte: Andréa Naccarati de Mello

O CRM captura e integra dados do cliente provenientes de toda a organização e canais, consolida e analisa esses dados, gera *insights* e, depois, distribui os resultados para vários sistemas e pontos de contato com o cliente espalhados por toda a empresa, o que proporciona maior agilidade no atendimento e na tomada de decisões, além da personalização de atendimento.

Muitas empresas ainda não implementaram o CRM, isso por várias razões. Entre os motivos, se destacam o entendimento de que CRM é para grandes empresas apenas, é caro, é complexo, é desnecessário, não traz resultados. Tudo isso é mito, e já está provada a relevância do CRM para melhoria do resultado das organizações

CRM

PROGRAMAS DE LEALDADE

CHATBOTS

TREINAMENTO

OMNICHANNEL

etc.

Fonte: Andréa Naccarati de Mello

no longo prazo, uma vez que a prática ajuda a fidelizar o cliente, e cliente fidelizado custa menos para a empresa, recompra mais e recomenda.

Existem várias estratégias de relacionamento com clientes que trazem grandes resultados, dentre elas: programa de lealdade, mapeamento da jornada do cliente, *Omnichannel*, treinamento e desenvolvimento dos profissionais que têm contato direto com os clientes, programa de satisfação dos colaboradores da empresa e das agências parceiras, automatização do atendimento por meio de *Chatbots*, etc.

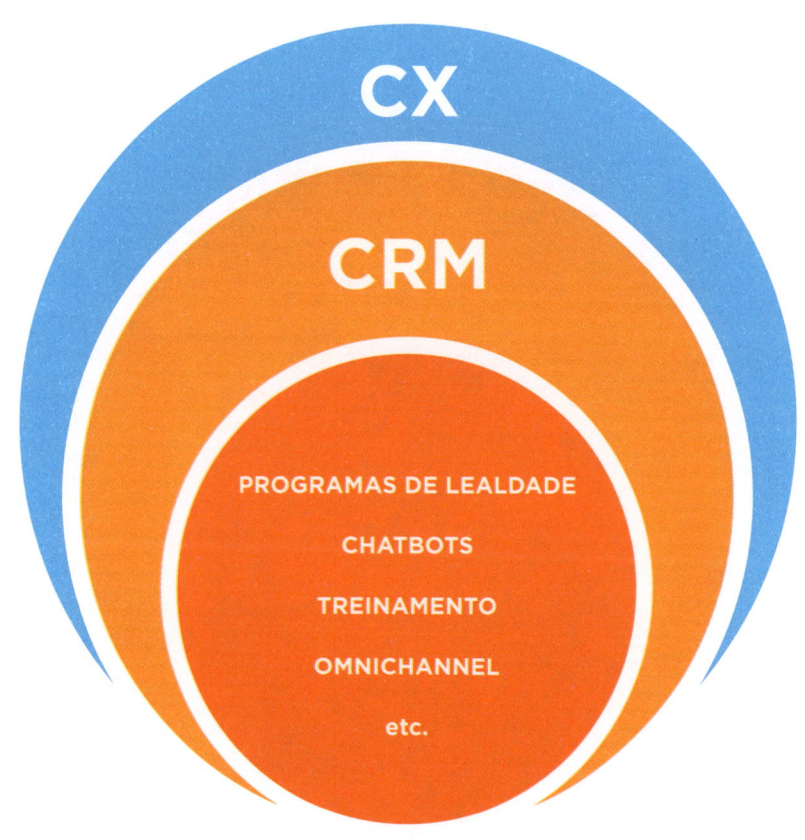

Fonte: Andréa Naccarati de Mello

O universo do CRM se expandiu para um novo entendimento da necessidade do cliente, o *Customer Experience* (CX). De uma forma muito simplificada, enquanto o CX traz toda a percepção do cliente em relação à sua experiência com a empresa em diferentes pontos de contato, o CRM consolida os dados dos consumidores de diferentes fontes, gera *insights*, estratégias e ações para construir o relacionamento no longo prazo.

Então, a resposta é "não" para a pergunta inicial e título deste capítulo. O CRM não é passado, muito pelo contrário, talvez esteja em plena evolução, como veremos em um capítulo adiante.

"O UNIVERSO DO CRM SE EXPANDIU PARA UM NOVO ENTENDIMENTO DA NECESSIDADE DO CLIENTE, O *CUSTOMER EXPERIENCE (CX)*"

16

RAINBOW GRILLED CHEESE EXPERIENCE

O CUSTOMER RELATIONSHIP MANAGEMENT E O CUSTOMER EXPERIENCE

por Fábio Dias Monteiro

Um pouco da história do CRM – a evolução da tecnologia utilizada.

No final da década de 90, empresas grandes, como bancos, seguradoras, editoras de jornais, revistas, redes varejistas e algumas empresas de serviços e telecomunicações ainda lidavam com bancos de dados totalmente apartados, duplicados, desatualizados e muitas vezes de fontes que não se conectavam. Como conseguir dar um bom atendimento ao cliente se a informação não era confiável? Como dar uma resposta consistente ao consumidor sendo que outro operador de call center havia atendido ao chamado anteriormente?

> **"Nós temos somente duas fontes de vantagem competitiva:**
>
> **A capacidade de aprender mais sobre nossos clientes – mais rápido que nossos concorrentes.**
>
> **A capacidade de transformar esse conhecimento em ações – mais rápido que nossos concorrentes."**

Jack Welch, ex-*Chairman* e CEO da GE.

Por outro lado, as pressões internas nas empresas por reduções de custos estavam em seu auge. Como reduzir o tempo médio de atendimento (TMA) sem perder a qualidade da resposta? Como atender a mais ligações sem aumentar número de pessoas e posições de atendimento (PAs)? Como levar informações precisas ao time que atende o cliente sobre os produtos e serviços oferecidos?

Era a década da automação do atendimento, surgindo com a promessa de vender mais, aumentar o tíquete médio, fidelizar clientes, preparar melhor o atendente, medir o retorno do investimento, tudo em uma só plataforma. Desembarcava no Brasil um par de soluções de CRM *(Customer Relationship Management)* acompanhadas pelas maiores consultorias de negócios do país. Mas o que era o CRM Vantive? Como implantar um CRM Siebel? A emoção de receber uma tecnologia nova se misturava com o medo de investir milhões em soluções desconhecidas, sem referência no Brasil e sem profissionais qualificados e treinados para implantar, operar e gerenciar essa prática.

ONDE APLICAR O CRM?

MARKETING
- Gerência de Campanha
- Análise de Campanhas/Canais
- Segmentação de Clientes

ATENDIMENTO AO CLIENTE
- Redução Tempo de Ligação
- Análise de Motivos de Ligação
- Eficiência do Call Center

CRM
- Lucratividade do Cliente
- Otimização dos Canais
- Retenção e Fidelização
- Conhecimento sobre o Cliente
- Visão Única do Cliente

VENDAS
- Integração dos Canais
- Gerência de Oportunidades
- Encurtar Ciclo de Vendas
- Configuração de Propostas

Fonte: Fábio Dias Monteiro e Sérgio Szpoganicz

Algumas implantações demoravam anos, isso mesmo, anos. Um eterno investimento com ROI *(Return Over Investment)* ou Retorno Sobre Investimento, a perder de vista.

Para piorar a percepção do problema (na área de TI), as empresas grandes estavam abrindo seu capital, se transformando em SA (Sociedade Anônima) e com isso novos modelos de gestão eram exigidos: ERPs, controles financeiros mais rígidos, regras de negócios, *compliance*, programas de qualidade, gestão de projetos, a internet ganhando força, todo o sistema de telefonia sendo privatizado, *bug* do milênio, enfim... uma loucura.

No início dos anos 2000, o cenário rapidamente mudou. Empresas como a Oracle, IBM, Microsoft e outras investiram na tecnologia de CRM para baixas plataformas e surgiram soluções mais simples e baratas com a Ascent, Dynamics, CRMachine, entre outras.

No âmbito de inovação, após o 11 de setembro de 2001, surgiram inúmeras empresas de tecnologia da informação e *startups* das mais variadas formas no Vale do Silício. Empresas como Marketo, Salesforce, Zendesk, HubSpot, Pipedrive, Freshdesk e inovações em plataformas da Adobe, Oracle, IBM, entre muitas outras, nasceram dessas áreas de inovação e tecnologia e entraram em uma nova era de soluções de CRM em nuvem (SaaS), gerando a onda do *Marketing Automation* que nos move atualmente.

Atualmente, conforme visto em capítulos anteriores, o CRM e as inovações tecnológicas dessas plataformas evoluíram muito e muitas delas se baseiam principalmente em integrações (via APIs) e na aquisição de plataformas complementares ao CRM, soluções de BI *(Business Intelligence)*, modelagem estatística preditiva baseada em AI *(Artificial Intelligence)* ou Inteligência Artificial, soluções de *Omnichannel* (atendimento multicanal) e NPS *(Net Promoter Score)*, que foram incorporadas às plataformas, além de soluções de CRM. Toda essa evolução com o objetivo de transformar e capacitar as empresas a fazer todo o circuito da jornada do cliente e gerenciar o *Customer Experience*.

Aquisições e fusões de empresas também são percebidas como estratégias de fortalecimento das soluções atuais. Tomo como exemplo a aquisição da empresa Tableau (BI) pela Salesforce e as incorporações do Marketo *(inbound marketing)* e do Magento *(e-commerce)* pela Adobe, que ilustram alguns dos casos mais recentes.

Mas como o CRM pode se incorporar aos processos de *Customer Experience* (CX)?

Algumas respostas são dadas a partir do entendimento da implantação do CRM. Um bom começo, independentemente do tamanho da sua empresa, é observar algumas condições específicas em sua organização ou estabelecimento.

Comece checando o tamanho da sua base de dados (clientes ou *prospects*). São dezenas, centenas, milhares, milhões de clientes? Onde esses dados estão armazenados? Estão dispersos em várias bases? Estão em algum *software*? No Excel? Com os vendedores? Em vários *e-mails*? Tem cadastros perdidos e desorganizados? A qualidade dos dados é boa? Os registros dos clientes estão atualizados? Tem *e-mails* completos, telefones, documentos, datas, nomes, endereços completos? É possível que se encontrem palavrões nos seus cadastros? Fique sabendo que isso é bem comum. E sim, tem solução.

Talvez, antes de começar com o *software* de CRM, você precise de um serviço de *Data Quality*, ou seja, podem ser necessários um tratamento, um enriquecimento e uma atualização em todos os dados, para então armazená-los em um banco de dados unificado e estruturado com visão cadastral e comportamental dos consumidores.

- Você precisa fazer análises e segmentações nesses dados?
- Precisa descobrir o perfil do seu cliente?
- Mais homens ou mulheres?
- Qual a faixa etária?
- Onde moram?
- Como compram?
- O que compram?
- Como pagam?
- O que preferem?
- O que os motiva?

São perguntas que podem ser respondidas por um *software* de BI *(Business Intelligence)*. Essa ferramenta, aliás, só funciona bem com uma base tratada. Como dizem os americanos: *Garbage in, Garbage out.*[1]

---

1. Se seus dados são ruins, denominamos *Garbage* (lixo em inglês) e logicamente você terá que tratá-los para que se possa extrair uma informação de confiança e relevante.

"COMO O CRM PODE SE INCORPORAR AOS PROCESSOS DE *CUSTOMER EXPERIENCE* (CX)?"

O CUSTOMER RELATIONSHIP MANAGEMENT E O CUSTOMER EXPERIENCE

PLANEJAMENTO, PROGRAMAÇÃO, EXECUÇÃO, MEDIÇÃO E GESTÃO INTEGRADA

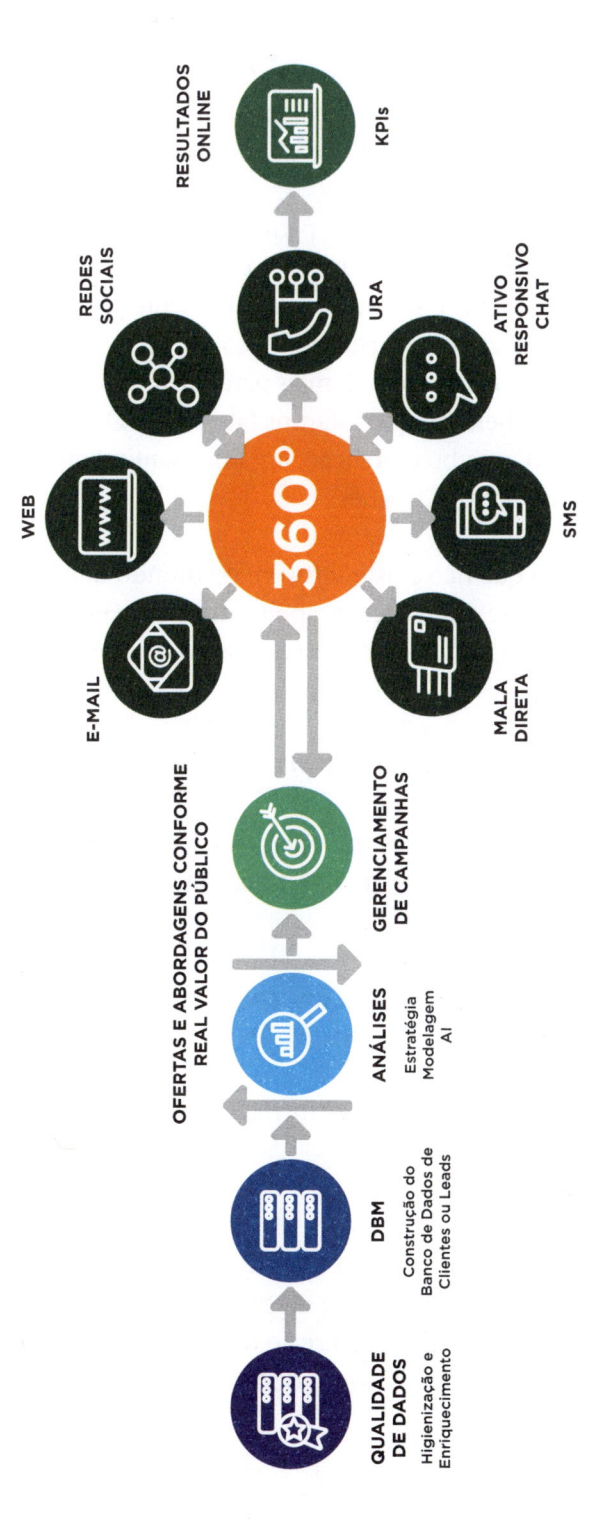

QUALIDADE DE DADOS
Higienização e Enriquecimento

DBM
Construção do Banco de Dados de Clientes ou Leads

ANÁLISES
Estratégia
Modelagem
AI

OFERTAS E ABORDAGENS CONFORME REAL VALOR DO PÚBLICO

GERENCIAMENTO DE CAMPANHAS

360°

- E-MAIL
- WEB
- REDES SOCIAIS
- URA
- ATIVO RESPONSIVO CHAT
- SMS
- MALA DIRETA
- RESULTADOS ONLINE — KPIs

Fonte: Fábio Dias Monteiro e Sérgio Szpoganicz

Agora, se você tem uma base de dados unificada e tratada, já pode usar um *software* de CRM. Nos dias atuais temos muitas opções, com recursos diferenciados e custos também.

Uma boa notícia é que uma pequena empresa pode ter uma ferramenta de CRM, mas também pode construir, sem muito esforço, uma boa base de dados e se comunicar facilmente por meio dela. Lembra daquela história do caderninho de compras da mercearia? Provavelmente você ainda é jovem demais para saber disso, mas alguns de seus pais e avós sabem do que estamos falando. O DNA do CRM começa sempre com uma boa intenção, um bom sentimento entre o dono do estabelecimento e o "freguês".

Lembrando que não existe *software* no mundo que consiga construir uma relação de **confiança, respeito, transparência, ética, boas práticas, empatia, amor**. E sem esses valores colocados em prática, pode esquecer o sucesso do seu projeto.

Algumas das soluções de CRM e suas características principais

Com quaisquer dessas tecnologias de CRM e suas ferramentas e módulos acoplados, temos de fato uma nova forma de relacionamento com clientes e *prospects*.

Esses módulos são *softwares* diversos que se integram com o CRM ou CX, soluções em Modelagem, BI, *Omnichannel*, entre outras.

A seguir, alguns exemplos, de forma resumida:

Modelagem Estatística

Algumas soluções de CRM atualmente disponibilizam um modelo mais amplo de entendimento do perfil do cliente ou do *prospect*, com o objetivo de obter uma descrição de consumo mais detalhada e para que se possa alcançar consumidores propensos a determinada oferta ou comunicação.

SALESFORCE
Líder mundial em soluções de CRM
Integrações variadas
APIs prontas
Milhões de clientes
Custo um pouco mais alto
Licenciamento por usuário
Adquiriu o Tableau BI

ZENDESK
CRM com excelente performance
Ferramentas de omnichannel integradas
Muitos desenvolvedores AI, Bots no Brasil
Upgrades e Updates constantes
Bom custo X benefício
Ideal para centrais de atendimento

HUBSPOT
CRM gratuito (tem versão paga também)
Integrado ao Inbound Mkt
Ideal para prospecções e geração de leads
Boa integração com redes sociais

PIPEDRIVE
CRM muito consistente
Ideal para uso na área comercial
Gestão de propostas, contratos, forecasts
Boa relação custo x benefício
Fácil aprendizado e integração

MS DYNAMICS
CRM da Microsoft
Integrações com Office, Outlook, Power BI
Bom para empresa que esteja no ambiente MS
Rede de integradores consistente

Fonte: Fábio Dias Monteiro e Sérgio Szpoganicz

Esses **modelos preditivos** são baseados em comportamentos de consumo da base de clientes. Neles se aplicam modelos estatísticos "inteligentes" que observam as características dos grupos de consumidores e geram modelos de propensão de consumo com base nessas análises.

Esses modelos são aplicados na base de dados para que sejam adotadas ações de comunicação a partir desses segmentos e agrupamentos de consumidores.

Conforme o consumidor reage a determinadas ofertas ou ações de comunicação, o *software*, ou plataforma, aprende com esse comportamento e refina as próximas ações em um processo que chamamos de *Machine Learning*.

Contudo, não fique achando, por exemplo, que foi o acaso que trouxe até você aquele desejado destino de viagem das suas férias. É tecnologia preditiva mesmo.

Business Intelligence (BI)

Algumas plataformas também disponibilizam soluções de análises de dados e campanhas de marketing integradas com suas soluções. Muitas vezes chamadas de BI *(Business Intelligence)*, essas plataformas, quando plugadas em bases unificadas históricas de informação *(Data Warehouse, Big Data, Data Lake)*, podem gerar informações sobre clientes, dados demográficos e comportamentais, incluindo visões sobre o consumo de produtos e serviços, os valores, as condições de pagamento e as formas de interação com o estabelecimento. Enfim, são atributos importados e tratados em uma base unificada de informações, que pode ser acessada pelo *software* de BI, para que se obtenham visões de consumos, padrões, agrupamentos, verificações de recência, frequência e valor de compra (RFV), tempo médio de permanência do cliente na base (LTV), ciclo de consumo e de venda, tíquete médio, Análise de Pareto e outras visões estratégicas que oferecem apoio às decisões de marketing e vendas.

ANALISAR E SEGMENTAR A BASE DE CLIENTES

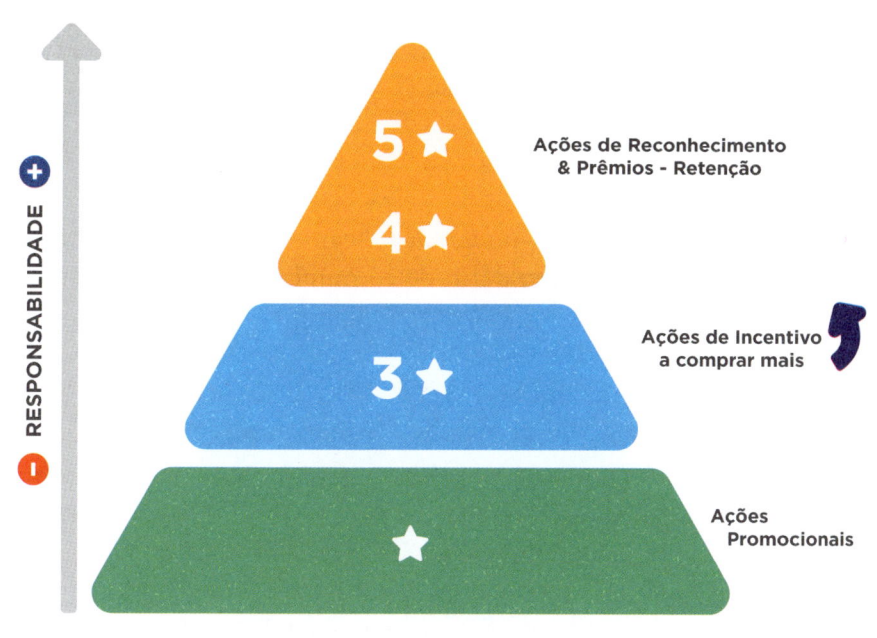

RESPONSABILIDADE +/−

- 5 ★ — Ações de Reconhecimento & Prêmios - Retenção
- 4 ★
- 3 ★ — Ações de Incentivo a comprar mais
- ★ — Ações Promocionais

DATABASE BI DE CLIENTES

Fonte: Fábio Dias Monteiro e Sérgio Szpoganicz

Algumas soluções de BI mais usadas no mercado atualmente são:

Power BI – mais uma vez, a Microsoft marca presença, agora com uma das mais utilizadas ferramentas de BI.

Uma boa rede de integradores garante presença nacional e também, provavelmente, o maior número de profissionais treinados e habilitados no uso dessa ferramenta no Brasil.

Tableau – ferramenta de BI, com alto poder de processamento de dados e excelente *performance*, que recentemente foi adquirida pela Salesforce para reforçar sua presença analítica.

QlikSense – empresa bem estruturada, com uma boa base de clientes e integradores em todo o Brasil.

Se você não quer investir na aquisição de um *software* e na contratação de um analista de BI (ou como dizem os novatos, os cientistas de dados) pode contratar empresas que prestam esse serviço pontualmente. Às vezes, vale a pena.

Gerenciamento de campanhas

Dados organizados, bases integradas, segmentos identificados. Defina uma oferta, um calendário de comunicação e vamos para a ação.

Talvez a parte mais trabalhosa do processo de CRM seja a geração, gestão e gerenciamento de campanhas de marketing e vendas.

Uma vez que os segmentos e as oportunidades foram identificados pelo BI e pelos modelos preditivos, temos que agir.

As grandes empresas têm recursos para contratar agências de comunicação e marketing digital para definir as ofertas, criar modelos de campanhas, efetuar testes A/B, efetivar planos de mídia, comprar mídia, gerenciar campanhas *off-line* e *online* e medir os resultados por meio de plataformas diversas. Muitas delas de CRM, com módulos de marketing e gestão de campanhas acoplados. Algumas vezes pilotando diversas soluções de *inbound marketing*, disparadores de *e-mails* e SMS, gerindo campanhas digitais no Google ou redes sociais, utilizando mídias alternativas como *broadcast*, rádios digitais, mídia *indoor* e tantas outras opções.

Pequenas e médias empresas podem fazer o CRM com soluções igualmente eficazes, mas talvez atentando mais ao custo da operação, já que o aspecto criativo de qualidade é difícil de encontrar e as soluções de mídia *online* e *e-commerce* estão ficando caras.

A sugestão aqui é incorporar ao preço do produto/serviço os famosos 5% de marketing, para obter um orçamento minimamente provisionado em ações nesses canais.

O CUSTOMER RELATIONSHIP MANAGEMENT E O CUSTOMER EXPERIENCE

TEMPO

- Recuperação
- Retenção / Churn
- Fidelização / Rentabilização
- Ofertas / Vendas Cruzadas
- Aquisição de Informação

RELACIONAMENTO

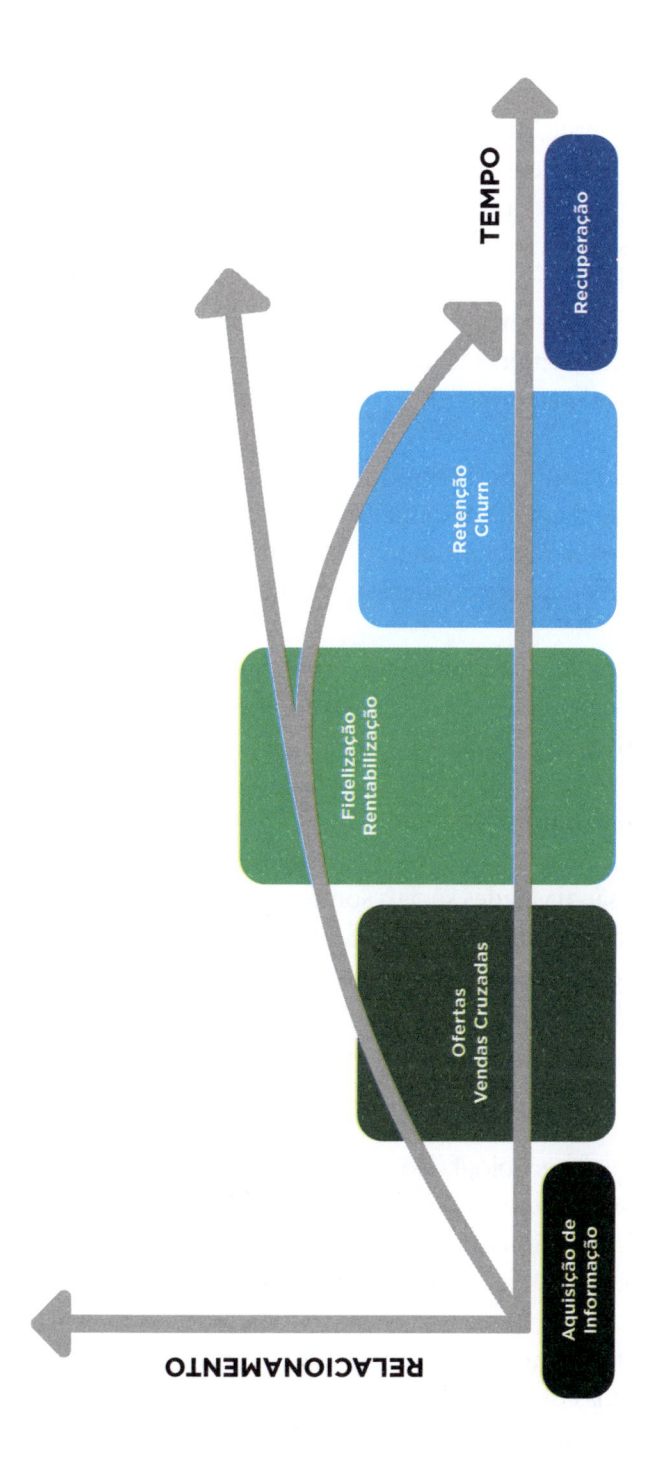

Fonte: Fábio Dias Monteiro e Sérgio Szpoganicz

Alguns pontos importantes nas ações digitais que não estão em um *checklist* de CRM são: a utilização de dados válidos (temos a LGPD em vigor), a verificação de estoques dos produtos e serviços oferecidos, os testes de compra nas plataformas de *e-commerce*, as validades e regras de utilização das ofertas, as marcações do banco de dados dos participantes da campanha, a elegibilidade dos clientes para oferta (menores de idade, etc.), os meios de pagamento (e parcelamento) disponíveis, as questões relacionadas ao transporte (localidades atendidas), a questão orçamentária da campanha (*budget* destinado ao projeto).

Não se esqueça também de comunicar e treinar a sua equipe que tem contato com o cliente. Não adianta fazer a ação se o atendente não sabe de nada, está desatualizado ou incapacitado em termos de argumentação, validade, valores e demais condições da oferta.

São muitos detalhes. Portanto, um cronograma ou um *software* de gerenciamento de projeto são bem-vindos para não deixar escapar nenhuma atividade.

A vez do *Omnichannel*

Com a expansão das redes sociais somada aos diversos canais digitais de localização e atendimento ao cliente, a vida das centrais de atendimento virou de cabeça para baixo. Imagine atender simultaneamente a ligações telefônicas, *e-mails*, *chats*, WhatsApp, Messenger, *tweets*, canais como o Reclame Aqui, Google Meu Negócio, TripAdvisor, Foursquare, etc.?

Ainda bem que a tecnologia do atendimento ao cliente também evoluiu para o *Omnichannel*, ou seja, é possível integrar e automatizar vários canais de atendimento com rotinas, roteiros, processos, *softwares* e *bots* inteligentes (às vezes nem tanto) para facilitar a resposta.

Os *bots* evoluíram muito, e hoje um analista de marketing consegue programar as rotinas de perguntas e respostas e as árvores de navegação e decisão, tudo dentro dos *softwares* de CRM que possuem esse recurso.

"SE VOCÊ INVESTE EM CRM OU CX, VAI QUERER SABER O RESULTADO"

Além disso, muitas soluções de CRM trazem recursos nativos de bibliotecas, de aprendizado compartilhado sobre as questões dos clientes, como, por exemplo: uma dúvida que foi esclarecida por um atendente no Sul pode ser entendida e acrescentada à biblioteca de respostas para ajudar um atendente no Sudeste. Tudo isso atualizado *online* e compartilhado entre os colaboradores da empresa.

E não adianta fugir da decisão de adotar essas tecnologias, pois, a cada ano, mais e mais consumidores preferem falar com as máquinas em vez do vendedor ou atendente. Então, um bom caminho é aprender a programar corretamente esses bots e ir evoluindo conforme a demanda cresce.

Você pode conhecer um pouco mais do *Omnichannel* consultando o capítulo 14 deste livro.

KPIs: evoluir, medir, aprender, evoluir, medir, aprender...

Ah, o que seria da tecnologia se não fossem os números? Afinal, tudo é matemática.

Se você investe em CRM ou CX, vai querer saber o resultado. Estamos falando aqui dos indicadores de *performance* (KPIs). São aqueles indicadores que podem (e devem) ser medidos.

Alguns dos mais comuns indicadores utilizados em CRM são nativos nos módulos de relatórios dos *softwares*. Existem relatórios que medem a *performance* do número de atendimentos efetuados, do tempo médio do atendimento, do nível de satisfação dos clientes, do valor do tíquete naquela compra, do prazo de uma resposta ou ocorrência de atendimento, no tempo médio de fechamento de uma venda (da prospecção até o fechamento – *forecast*). Enfim, uma infinidade de indicadores que juntos têm o objetivo de dar ao estrategista, gerentes e diretores os subsídios e as informações para a tomada de decisões ou ajustes no processo.

PESQUISA DE SATISFAÇÃO GERAL DOS CLIENTES

Verificar o percentual atual (Base Line) e estabelecer um objetivo de melhoria

Exemplo: **de 85% para 90%**

RANQUEAMENTO DOS MELHORES CLIENTES POR FREQUÊNCIA E VALOR DE COMPRA

Verificar a posição dos clientes no ranking e compará-los novamente após 12 meses de implementação do programa

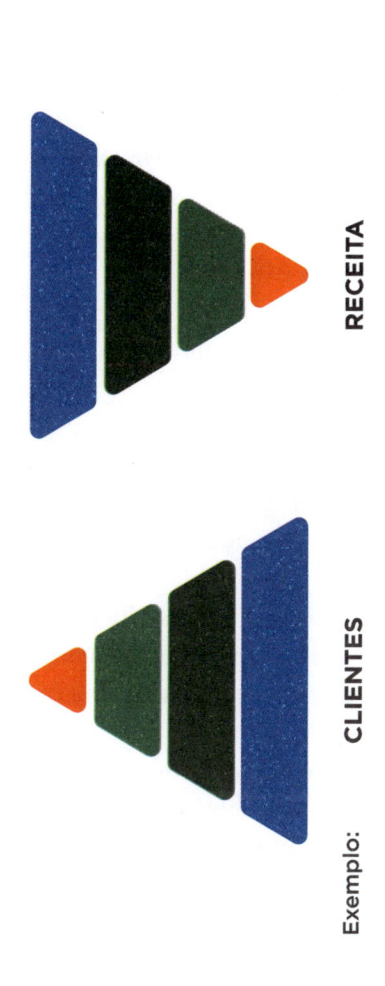

Exemplo: **CLIENTES** / **RECEITA**

CICLO DE VIDA

Verificar o tempo médio de compra por cliente e estabelecer objetivos de melhora deste ciclo

Exemplo: **de 90 dias para 75 dias**

Fonte: Fábio Dias Monteiro e Sérgio Szpoganicz

Indicadores são fatores importantes para que você tenha uma clareza maior na direção da sua empresa, tais como onde ela pode atuar, com quais recursos, como fazer investimentos, em quais clientes deve investir, onde foram obtidos bons resultados.

Outra medição importantíssima e muito usada no CX é o NPS *(Net Promoter Score)*, utilizada para monitorar a Experiência do Cliente. Você vai conferir NPS com mais profundidade no capítulo 12 deste livro (Medindo e Melhorando a Experiência do Cliente).

Portanto, com os KPIs você provavelmente vai errar, mas errará menos.

Humanos ainda têm utilidade?

Sim, precisamos dos humanos para tirar o pó das máquinas... hehe... brincadeira :-)

O fator humano é primordial para que as máquinas façam direito a sua parte. É sério, a programação de um software estatístico, a segmentação certeira de um público-alvo, a correta montagem de uma base de dados unificada, tratada, limpa, com endereços, telefones e *e-mails* corretos, ainda são tarefas difíceis para as máquinas. Sempre tem exceção, e nesse momento é que a máquina aceita o erro, não entende o padrão e, pior, pode arruinar uma campanha inteira.

E no atendimento? Você sabia que no passado (não muito distante) havia empresas que enviavam o jornal para 25% da base de assinantes duplicados? É isso mesmo, 25% da base de assinantes recebia dois jornais. Na época não havia *software* para deduplicação de dados ou agrupamento por *household*. Imagine o prejuízo.

Sabia que quase 10% dos atendentes de grandes centrais telefônicas erravam a grafia de sobrenomes de clientes, ou digitavam o *e-mail* errado, ou ainda colocavam palavrões nos sobrenomes dos clientes indelicados?

Outro fato interessante: as empresas que lidavam com clientes de baixa renda não podiam inserir em suas centrais telefônicas as URAs (unidades automatizadas de respostas audíveis), pois os clientes não sabiam que estavam falando com gravações.

Temos dúzias e dúzias de erros e acertos no atendimento humano. O maior investimento aqui talvez esteja no treinamento e na capacitação da equipe. Cada vez mais as pessoas precisam ter contato com o consumidor, seja por meio da escuta de uma gravação, ou na atuação na linha de frente da loja (encostar a barriga no balcão), na escuta dos clientes e de outros colaboradores da linha de frente e na briga por recursos para a capacitação do atendimento. As máquinas não sabem fazer essa aproximação e não têm emoções. Muitas vezes, o "olho no olho" pode garantir uma venda difícil, aprovar um crédito ou mesmo fidelizar clientes. E os humanos são imbatíveis nesses quesitos.

A tecnologia para ser usada

Conforme comentamos no capítulo anterior, existem muitas opções de plataformas de CRM, algumas mais focadas em vendas, outras em marketing e muitas em atendimento ao cliente. Agora, com os novos conceitos de CX *(Customer Experience)*, estamos vendo uma verdadeira revolução nas empresas que detêm essas tecnologias.

Atualmente, muitas empresas de ponta em CRM estão adquirindo ou desenvolvendo interfaces para suas plataformas ao incorporar funções mais amplas que vão desde o tratamento e qualificação dos dados de entrada *(Data Entry)* à análise, agrupamento e segmentação desses dados por diversos atributos *(Business Intelligence)*, modelagem estatística e preditiva dos comportamentos dos consumidores, dos produtos, serviços e outras variáveis *(Predictive Model)*, além de uma melhoria significativa na gestão e execução das campanhas de comunicação e marketing digital *(Campaign Management, Inbound Marketing, Digital Advertising)*. Também a chegada de ferramentas de medição da experiência do cliente (NPS) e uma integração grande com as análises de investimentos em mídia (Mídia Programática) x despesas em busca de melhores resultados (ROI) são esperadas. Parece que estamos criando um "Frankenstein", mas atualmente muitas plataformas já conseguem executar todas as etapas da jornada do cliente de forma integrada.

Essas plataformas mais completas, por exemplo, Adobe ou Salesforce, saíram na frente e estão focadas em empresas de maior porte. Entretanto, existem soluções parciais para pequenas e médias empresas que têm bons recursos e que são viáveis financeiramente.

Ferramentas de relacionamento ao seu alcance

Uma pequena empresa pode organizar os dados de seus clientes, capturar mais informações sobre o comportamento de compra, as formas de pagamento, as preferências do consumidor, verificar o comportamento de consumo e interagir com esses consumidores de maneira bem rápida e simples.

Um pequeno comércio, por exemplo, pode ter seu *e-commerce*, enviar *e-mails*, mensagens, fazer postagens. E esse mesmo comércio também pode medir a satisfação de seus clientes e monitorar seus visitantes e comportamentos de consumo com ferramentas gratuitas como o Google Meu Negócio e o Google Analytics.

O Google Analytics é a ferramenta que monitora seu *website* ou *e-commerce*, trazendo informações importantes sobre o número de visitantes, a localidade desses visitantes, as sessões mais clicadas do *website*, o tipo de dispositivo utilizado *(desktop, celular, tablet)*, de onde foi originado o fluxo de visitantes (busca direta, redes sociais, anúncios), informações importantes para definir volumes de visitas, identificar sazonalidades, definir recursos de propaganda e entender o que deve ficar em seu *website*.

Parece mentira, mas ainda é difícil encontrarmos *websites* de pequenos negócios que utilizam o Google Analytics.

Já o Google Meu Negócio é uma ferramenta gratuita do Google que traz informações sobre a sua empresa no buscador da página. Quando você passa em frente a um estabelecimento com seu celular, o Google mostra no dispositivo os dados daquele local. São informações como: nome do lugar, atividade ou segmento, endereço, horário de funcionamento, telefones e contatos, fotografias (do proprietário e dos clientes), comentários e avaliações (positivas e negativas), *links* para *sites*, redes sociais e outros atributos.

Muitos proprietários não aproveitam esse recurso tecnológico de forma adequada. Por exemplo, muitas vezes o estabelecimento não responde aos comentários postados e deixa o cliente sem retorno, o que provoca uma sensação de pouco caso. Muitas vezes os comentários são positivos, mas mesmo esses precisam de atenção. As pessoas gostam (e precisam) ser ouvidas.

Sabemos que os proprietários desses pequenos estabelecimentos têm pouco tempo, pois têm que fazer tudo (comprar, vender, atender, preparar, contabilizar), mas também devem criar relacionamentos com os clientes. Hoje, esses relacionamentos podem ser feitos de forma digital, com a ajuda da tecnologia.

É uma mudança de paradigma, que chegou e vai ficar. Muitos estabelecimentos adiam o relacionamento digital, por vários motivos. Entre algumas das motivações, podemos citar:

- Comodismo – é mais fácil atender na loja, fisicamente. Ninguém compra pelo Google.

- Medo da tecnologia – não entende nada de redes sociais, mas também não se esforça em aprender.

- Acha que gera custo adicional – realmente gera algum custo, mas nada exorbitante. Além disso, um anúncio no Google pode custar menos que um vendedor e tem um alcance muito maior de vendas, já que é mais focado no público-alvo que você precisa.

Você pode começar com ajuda de empresas como: Facebook, Google, LinkedIn, Salesforce, Zendesk, Hootsuite, Wix e outras que oferecem cursos gratuitos para quem deseja empreender ou conhecer mais sobre as ferramentas existentes para o CX *(Customer Experience)*.

Existem também muitas consultorias e empresas de comunicação digital que podem auxiliar os proprietários a iniciar um relacionamento digital de forma tranquila, segura e sem surpresas.

Afinal, é o CRM ou CX?

Hoje em dia é complicado fazer previsões assertivas, mas, a partir da análise do atual andamento das empresas de tecnologia, podemos citar alguns movimentos:

- O CRM está se desenvolvendo cada vez mais, adquirindo ferramentas complementares e criando APIs (ou integrações) com diversas soluções do mercado. Está refinando a base de conhecimento do relacionamento das empresas com os clientes e tem aprendido com o *Machine Learning* e medido suas ações com maior facilidade.

- O CX está saindo da teoria e entrando na prática, graças aos processos tecnológicos unificados de jornada do cliente e soluções interessantes como, por exemplo, o NPS, que é um processo de avaliação muito bem fundamentado sobre a Experiência do Cliente (conforme citado no capítulo 16 deste livro). Muitas empresas no formato de *startups* estão adotando o CX como a plataforma de relacionamento e de comunicação com seus clientes e vêm transformando a Experiência do Cliente em um diferencial competitivo, difícil de ser copiado pelas grandes empresas (que têm dificuldades para entender a cultura CX).

O X da questão

Na minha opinião, o CRM nasceu considerando o cliente *(customer)* como foco de quaisquer relações e processos e fez com que a sua opinião (do consumidor) modificasse esse processo. Assim, o cliente teve as suas opiniões e desejos no topo das ações de relacionamento com as empresas.

Contudo, considero que poucos *softwares* de CRM pensaram em medir a satisfação do cliente antes, durante e depois dos processos de relacionamento.

Por outro lado, o CX nasceu com um conceito louvável e assertivo, que considera todas as etapas da jornada do cliente e se preocupa desde o início com a satisfação do consumidor no processo de relacionamento, na experiência e no pós-relacionamento.

Tecnicamente falando, a implantação do CX é um pouco mais demorada, pois envolve a empresa inteira. Já o CRM envolve setores como vendas, atendimento e marketing, o que torna mais fácil e rápido aprovar os conceitos, *softwares* e processos.

Talvez o maior desafio, independente da tecnologia, seja o entendimento da cultura de relacionamento, que objetiva colocar o cliente, os colaboradores, os fornecedores e a sociedade em um nível de entendimento mais claro sobre os benefícios de cuidar bem uns dos outros.

17

DESIGN DE SERVIÇO

por Luis Alt

A esta altura você já deve estar convencido da importância e do potencial de proporcionar boas experiências aos seus clientes. Organizações, independentemente de seu setor, interagem com os seus clientes por meio de canais e pontos de contato com o passar do tempo.

Sob a ótica do *Design* de Serviço, não projetamos experiências, já que cada experiência é individual de cada pessoa. O que qualquer empresa faz, então, é imaginar as condições e estruturas para que elas aconteçam ao projetar serviços. E uma das melhores maneiras de torná-los relevantes e funcionais é incorporando a abordagem e as ferramentas do *design* – adotando o *Design* de Serviço.

As relações entre *Design* de Serviço, UX e CX

Antes de prosseguir, acho prudente esclarecer a relação da disciplina com outros termos que já apareceram aqui, como *User Experience* (UX) e *Customer Experience* (CX). Costumamos incorporar uma visão de quatro camadas para compreender as pessoas para as quais pensaremos um serviço. Utilizaremos o exemplo de uma linha aérea para isso:

- **Usuário** - É a camada das interações, está relacionada às tarefas que as pessoas precisam desempenhar para utilizar um serviço. Exemplo: fazer *check-in*, deixar as malas, passar pela segurança, verificar cartão de embarque, comer algo durante o voo, etc.
- **Cliente** - Refere-se aos grandes momentos do serviço. Aqui nos distanciamos um pouco das interações para entender o estágio e a evolução da dinâmica do relacionamento do cliente com uma organização. Exemplo: descoberta, primeira viagem, passageiro frequente, etc.
- **Consumidor** - Procura compreender como as pessoas tomam suas decisões no mercado para atender às suas necessidades ou desejos. Não está restrita à relação que se estabelece entre o cliente e uma organização específica. Exemplo: serviços de videochamada concorrem com uma linha aérea, pois o cliente pode substituir uma viagem de negócios por uma reunião remota.
- **Humano** - Refere-se às pessoas, independentemente do contexto do serviço. Aqui queremos entender quem elas são e o que valorizam: em que momentos de vida estão, como se relacionam com tecnologia, entre outras características. Exemplo: *gamers* que demandam muito de tecnologia são bem diferentes de pessoas já no seu final de vida, portadoras de problemas de visão.

Todos esses grupos nos trazem *insights* diferentes na hora de projetar um serviço. A área de UX costuma ficar concentrada nas **interações** entre o cliente e diferentes canais, na camada **usuário**.

Já a área de CX costuma gerenciar e otimizar a jornada mais ampla do serviço, entre as camadas **cliente** e **consumidor**. Já o *Design* de Serviço está preocupado com o *design*, ou seja, com o ato de repensar e projetar o novo, olhando para todas essas camadas, de **usuário** a **humano**.

O que é um serviço?

Com meu amigo Maurício Manhães, coordenador do programa de *Design* de Serviço na SCAD (Savannah College of Art and Design) na Geórgia, Estados Unidos, aprendi a definição mais interessante que conheço de serviço. Segundo ele, "Um serviço é um artefato que magnifica o potencial de agir de alguém que se percebe como beneficiário". Ou seja, um serviço é um dispositivo, objeto, engenho ou até mesmo processo (artefato) que uma parte (prestador) disponibiliza a outra (beneficiário) para ajudá-la a fazer algo (magnificar seu potencial de agir).

Uma rede de lavanderias facilita meu trabalho de lavar roupas. Coloco as roupas sujas em uma sacola e as levo até uma loja. Alguns dias depois, retiro as roupas limpas e passadas. A lavanderia economiza meu tempo e esforço. Ninguém discorda que uma lavanderia é um serviço.

Existem muitos serviços que nos permitem lavar e passar nossas roupas.

Uma máquina de lavar roupas também me ajuda nesse processo (ou, pelo menos, em parte dele). Coloco as roupas sujas no aparelho e, após esperar algumas horas, elas também saem dali limpas e secas. Trata-se de um artefato que também magnifica o meu potencial de agir. Em vez de usar um tanque para esfregar peça por peça, com um simples toque de botão as roupas ficam prontas. A máquina de lavar roupa, então, também é um serviço. (Aliás, o próprio tanque é um serviço, mas vou parar por aqui.)

Esse modelo mental de enxergar tudo como um serviço foi proposto por dois professores dos Estados Unidos, Stephen Vargo e Robert Lusch, que o denominaram Lógica Dominante do Serviço. O artigo em que a apresentam, publicado em 2004, está entre os mais citados do mundo. Resumidamente, o que eles defendem é que os serviços são a base de qualquer troca e que o valor de tudo está neles. De certa forma, é impossível definir qualquer bem ou serviço a não ser pelo valor que eles geram, ou seja, pelo benefício. Faça esse exercício com os objetos que o rodeiam. A definição não está nos materiais ou na forma dos objetos, mas no valor gerado.

Enxergar tudo como um serviço abre uma porta interessante para quem trabalha com Experiência do Cliente. Assim, nos desprendemos de amarras setoriais e modelos de negócio prontos e passamos a ver oportunidades considerando de forma mais holística os sistemas aos quais elas pertencem.

Antes do *Design* de Serviço, *design*

Design de Serviço é a aplicação do *design* no projeto de serviços. Para entendermos como criar serviços é interessante, então, dar um passo atrás e compreender o significado atual do *design*.

Para muitas pessoas, o termo ainda está associado à estética, sendo comum ouvirmos expressões como o "carro *design*" ou "móvel de *design*". Isso porque, mais do que uma maneira de resolver problemas, a expressão virou um atributo. No entanto, o que vou

*"DESIGN DE SERVIÇO
É A APLICAÇÃO DO
DESIGN NO PROJETO
DE SERVIÇOS"*

defender aqui é que há mais no *design* além desse "poder embelezador", ativado normalmente ao final de processos de desenvolvimento de bens ou serviços para torná-lo mais atraente.

Uma das mais populares definições de *design* foi proposta por Herbert A. Simon, economista vencedor do Prêmio Nobel de economia em 1978. Segundo ele, "*Design* é conceber cursos de ação que transformem situações existentes em preferidas". Ou seja, todo aquele que procura mudar a maneira como algo existe assume a função de um *designer*. A definição de Simon, por mais disseminada que seja, me parece incompleta. Ela não indica o maior diferencial atual do *design*, que é a maneira de conceber esses novos cursos de ação, o "como".

Participantes acionando as lentes da empatia, colaboração e experimentação em *workshop*.

A abordagem do *design*, popularmente referida como *Design Thinking* (pensamento do *design* ou jeito de pensar do *design*, em tradução livre), se apoia em três pilares principais: empatia, colaboração e experimentação. Toda vez que fazemos um exercício para nos colocarmos no lugar de quem será beneficiado por determinada solução (empatia), trazemos pessoas com pontos de vista diferentes para nos ajudarem a encontrar as melhores respostas (colaboração) e assumimos uma postura de visualização rápida delas por meio de protótipos que nos ensinem o que é interessante e o que não é sobre o que estamos tentando fazer (experimentação). Nesse cenário, pode-se dizer que estamos incorporando o *Design Thinking* em nosso trabalho.

Empatia, colaboração e experimentação não são necessariamente um processo encadeado, uma metodologia, mas modelos mentais que devemos assumir. A maneira ou intensidade com que esses conceitos devem se manifestar durante um projeto depende muito das restrições específicas de cada desafio. Tão pouco há uma ordem clara para a aplicação desses conceitos, por mais que pareça lógico que se comece pela empatia (pesquisa com usuários) e se termine com a experimentação (teste de conceitos, protótipos em alta-fidelidade ou projetos-piloto).

Em um projeto realizado em 2012, uma grande empresa de telecomunicações nos procurou, pois havia desenvolvido *QR Codes* inteligentes para adicionar às contas de seus clientes. Esse código, individual para cada conta, poderia direcionar clientes a diversos lugares, sendo o objetivo do projeto explorar essas possibilidades. Pela restrição de tempo e pelo cliente já ter uma boa ideia do que poderia ser feito, iniciamos nosso trabalho transformando os conceitos existentes em protótipos. Elaboramos contas de telefone fictícias com *QR Codes* e algumas telas que simulavam o que poderia ser feito com eles. A partir daí, nossa equipe foi a lojas da marca abordar clientes para descobrir o que achavam de nossas propostas, em um exercício de empatia. Descobrimos que os clientes não viam valor em nada do que a empresa estava pensando em fazer e, mais do que isso, além dos custos de implementação, eles acionariam o *call center* para saber o que era aquilo, onerando também a operação. Nossa recomendação final foi que a empresa esperasse as pessoas se habituarem à tecnologia e, nesse meio tempo, procurasse por melhores e mais relevantes aplicações para o *QR Code*. Por um lado, não conseguimos chegar a uma solução interessante no projeto. Por outro, a empresa economizou milhões ao descobrir cedo que a solução que imaginava não funcionaria e que a melhor alternativa seria adiar a sua implementação. Finalmente, repare como, nesse caso, a experimentação veio antes da empatia.

"PROJETOS DE *DESIGN* DE SERVIÇO ENVOLVEM A MELHORIA DE SERVIÇOS ATUAIS, OU A CRIAÇÃO DE NOVOS, QUE ATENDEM ÀS NECESSIDADES DE MANEIRA TOTALMENTE NOVA, EM BUSCA DE INOVAR SETORES. É A UNIÃO DO *DESIGN THINKING* COM O PENSAMENTO DE SERVIÇOS"

Projetando serviços

Agora que você conheceu a essência do *design*, podemos explorar como o utilizamos em projetos de serviço. O *Design* de Serviço tem por objetivo pensar na jornada mais interessante que uma organização pode oferecer aos seus clientes. O melhor serviço possível é aquele que atende às necessidades do consumidor melhor do que outras opções no mercado e traz bons resultados para a organização que o propõe. Para fazer isso, adicionamos ao *Design Thinking* conhecimento sobre serviços e como eles devem funcionar. Ou seja, existe uma maneira de chegar às respostas *(Design Thinking)*, mas também um conhecimento específico sobre o que se está projetando (serviço).

Projetos de *Design* de Serviço envolvem a melhoria de serviços atuais, ou a criação de novos, que atendam às necessidades de maneira totalmente nova, em busca de inovar setores. É a união do *Design Thinking* com o pensamento de serviços.

Eles partem de um olhar para o "lado de fora", pensando na Experiência do Cliente, para depois voltar os olhos para dentro da organização e otimizar sua estrutura interna para que a entrega possa acontecer.

Ciente de que este livro não é sobre *Design* de Serviço, serei objetivo ao explicar como a disciplina funciona e o que ela oferece apresentando o processo que utilizamos na Livework e descrevendo algumas de suas principais entregas.

Começo: entender

A maioria dos projetos se inicia com o objetivo de compreender o cenário onde o serviço existe ou existirá. Precisamos capturar a essência da organização que vai propor o serviço, as intenções com ele e sua capacidade atual ou futura de fazê-lo. Além disso, precisamos realizar um mergulho profundo na vida de clientes (atuais ou

EXPERIÊNCIAS QUE DEIXAM MARCAS (CX)

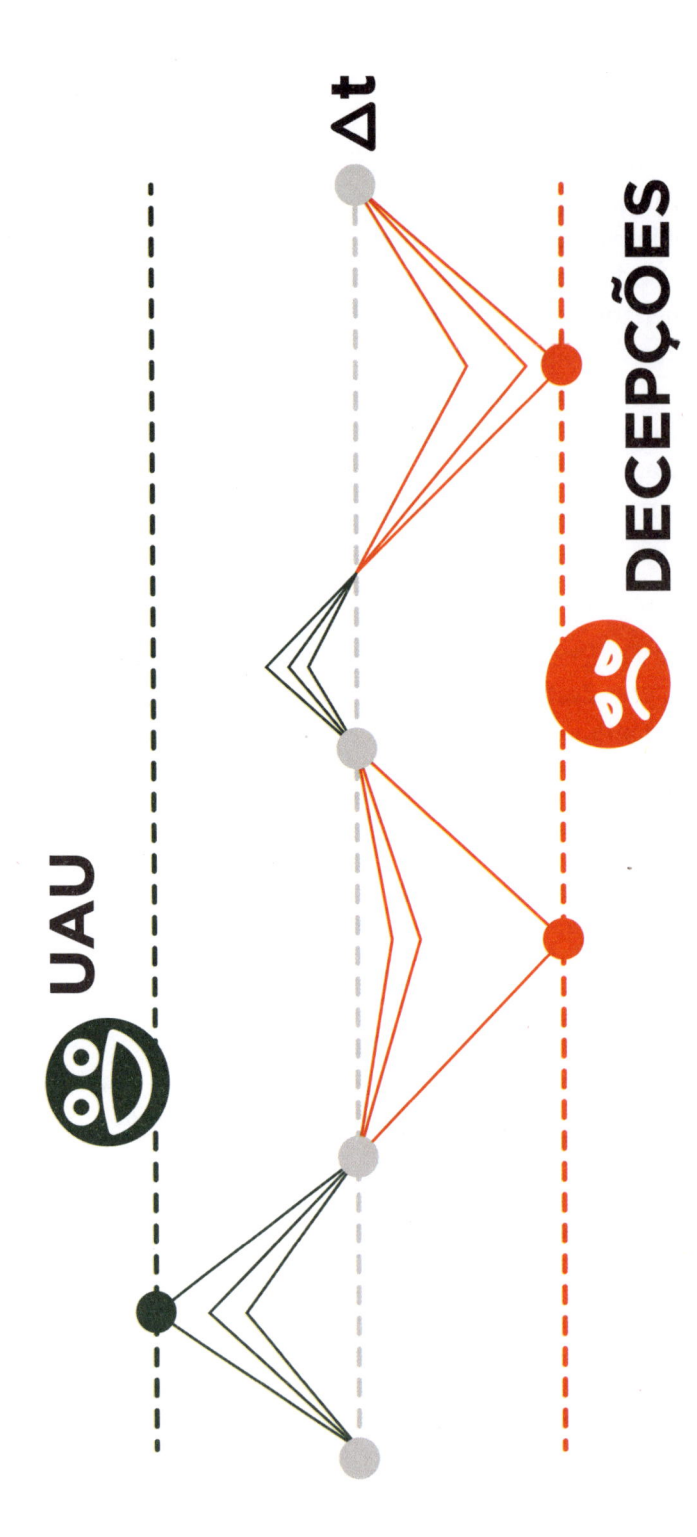

Δt

DECEPÇÕES

UAU

Fonte: Reinterpretação de Ilustração de Livework, São Paulo, Brasil

desejados) decifrando quem são e quais suas necessidades, desejos e dores. Por fim, realizamos um estudo sobre as principais tendências comportamentais e tecnológicas presentes no contexto para inspirar ou potencializar nossas ideias para o (novo) serviço.

Ao final dessa etapa é comum termos uma visão de todos os elementos e conexões que constituem o ecossistema do serviço, dos principais modelos mentais e comportamentos dos clientes, assim como da jornada atual do serviço – identificando barreiras e oportunidades e como os diferentes canais e pontos de contato participam nele. O principal: ao final dessa fase obtemos um novo entendimento sobre nosso desafio e os melhores lugares para realizar intervenções em um serviço.

Meio: imaginar

Com o contexto mais claro e oportunidades mapeadas, passamos a procurar respostas para o desafio, imaginando novas e melhores maneiras de servir aos clientes. Trata-se de um processo colaborativo, com sessões de trabalho em grupos que podem envolver colaboradores de várias áreas e níveis hierárquicos da organização, assim como clientes e especialistas ou influenciadores externos. A ideia é gerar muitos caminhos possíveis de solução e priorizá-los para testá-los na sequência – por meio de protótipos do serviço. Ao final dessa etapa queremos ter uma visão clara da proposta de valor e o conceito do serviço, assim como uma ideia compartilhada sobre a experiência ideal que desejamos proporcionar aos clientes, a nova jornada do serviço, algumas vezes especificada de acordo com cada perfil de consumidor que nos interessa.

Fim: especificar

Uma vez que tenhamos o conceito do serviço claro e uma boa ideia da jornada ideal dos clientes, nosso objetivo passa a ser juntar as peças para que isso possa ser implementado na organização. A busca agora é por saber de que maneira os diferentes canais e pontos de contato podem e devem funcionar nesse novo serviço, considerando a estrutura atual e possível da organização. A partir daí, formalizamos as recomendações sobre como e em que ordem ele deve ser implementado. Essa etapa do projeto também é bastante colaborativa, pois, ao participar das definições finais, colaboradores de diferentes áreas compreendem e se apropriam da solução, o que acaba por reduzir a resistência natural de mudar. Além disso, protótipos se tornam mais complexos e próximos da realidade, porém continuam sendo fundamentais para especificar o serviço.

Além do plano de implementação, essa etapa final de um projeto de *Design* de Serviço costuma entregar um *Blueprint* de Serviço, que nada mais é do que uma visualização dos momentos e das principais ações dos clientes com todos os canais e pontos de contato disponíveis no serviço e a estrutura de bastidores necessária para que ele seja fornecido. Ou seja, é uma visão de todas as jornadas possíveis, criada de maneira centrada no cliente. Proposto inicialmente pela vice-presidente do Citibank nos Estados Unidos, G. Lynn Shostack, o *Service Blueprint* é muito utilizado no processo de especificação do serviço, mas, também, como referência compartilhada nas áreas sobre o estado ideal do serviço durante sua implementação e operação. Trata-se de um documento que deve ser, assim como o serviço, continuamente atualizado para se manter útil.

O *Design* de Serviço é mesmo necessário?

Não existe método infalível. A busca pela inovação está coberta de incerteza, e todo aquele que inicia essa jornada deve estar aberto aos aprendizados que as falhas trazem. No entanto, a adoção do *design* como abordagem para encontrar os melhores caminhos minimiza riscos.

Faço as seguintes perguntas àqueles que me questionam sobre a eficácia da abordagem:

- Conversar e observar o público para o qual se está pensando uma solução piora nosso entendimento sobre ele?
- Colaborar com essas pessoas e colaboradores, reunindo diferentes experiências e pontos de vista, nos leva a ter menos ou piores ideias?
- Visualizar e testar rapidamente as nossas ideias com clientes atuais ou potenciais diminui a segurança que temos sobre o que estamos pensando em fazer?

É claro que a resposta é não a todas as perguntas! Então lembre-se sempre... *Design Thinking* é uma abordagem para tentar encontrar respostas a desafios, por meio da empatia, colaboração e experimentação. *Design* de Serviço é o processo e a entrega. Então, no fundo, enquanto *Design Thinking* é o "como" e leva a formas de estabelecer uma abordagem, um jeito de fazer projetos, o *Design* de Serviço está mais relacionado a "o quê" fazemos para projetá-los.

18

SISTEMA DE GERENCIAMENTO DE REGRAS DE NEGÓCIO (BRMS)

por José Joaquim Costa de Oliveira

> **Alice perguntou:** Gato Cheshire... pode me dizer qual o caminho que devo tomar?
> Isso depende muito do lugar aonde você quer chegar – **disse o gato**
> O lugar não importa muito... – **respondeu Alice**
> Nesse caso, qualquer caminho serve! – **concluiu o gato**
> **(As Aventuras de Alice no País das Maravilhas)**

O famoso diálogo entre Alice e o gato Cheshire, extraído do livro infantil "As Aventuras de Alice no País das Maravilhas" (Lewis Carroll, 1865), traz uma importante reflexão sobre a importância de fazermos escolhas, de tomarmos decisões.

A tomada de decisão, a necessidade de fazer escolhas, ou mesmo de fazer "não escolhas", determinam os caminhos que as organizações decidem percorrer, seus propósitos, os impactos que causam nos seus *stakeholders*, seus processos, seus resultados e, obviamente, a satisfação e experiência de seus clientes.

Mas por que iniciamos o capítulo de BRMS *(Business Rules Management System)*, ou simplesmente Sistema de Gerenciamento de Regras de Negócio, falando sobre decisões e escolhas?

Porque se o nosso propósito é falar sobre uma ferramenta de gerenciamento de regras de negócios, é muito importante que o conceito do "objeto" sobre o qual essa ferramenta possibilita a gestão seja plenamente entendido e tenha seus significados ampliados.

Mas, afinal, o que são regras de negócio?

Em suas primeiras impressões, caso lhe fosse solicitado definir o que são regras, possivelmente você seria levado a pensar sobre regulamentos, determinações sobre como algo deve ser feito, normas ou procedimentos adotados. Ou seja, rigidez seria provavelmente o substantivo que frequentaria com muita facilidade seus pensamentos para buscar essas definições.

Fonte: José Joaquim Costa de Oliveira

Para enriquecer e ampliar um pouco mais nossa capacidade de definição, bons exemplos são trazidos dos dicionários Michaelis e Aurélio:

"Michaelis: re.gra (sf). Relação subjetiva entre vários elementos. Aquilo que denota moderação."
"Aurélio: re.gra (sf). O que está determinado pela razão, pela lei, ou pelo costume."

Tenho certeza de que dissipamos um pouco da rigidez a que as definições do senso comum conduzem naturalmente. Significados como "relação subjetiva", "moderação", "razão" e "costume", além de "decisões" e "escolhas", citados anteriormente, estão muito mais próximos do conceito de regras de negócios adotadas pelas organizações.

Para as corporações, as regras de negócios são declarações e escolhas sobre a forma como elas decidem fazer negócios, de como decidem atuar em seus mercados.

São essas regras que definem "o quê", "por quê" e "como" algo deve ser feito dentro da organização. Declarações e escolhas que guiam comportamentos e reações de colaboradores, fornecedores e principalmente de seus clientes, impactando de forma direta suas experiências quando decidem se relacionar com essas organizações.

"A EMPRESA PODE SUBSISTIR SEM UM COMPLEXO SISTEMA DE INFORMAÇÕES, SEM PLANILHAS ELETRÔNICAS OU EDITORES DE TEXTOS, MAS NÃO EXISTE SEM REGRAS DE NEGÓCIOS ESTABELECIDAS"

As regras de negócio têm como objetivo entregar fluidez para os processos, obedecer às leis e convenções, atender aos objetivos traçados, fazer bom uso dos recursos e, **principalmente**, embora muitas organizações ainda não caminhem nessa direção, **trazer agilidade para a efetivação de negócios e satisfazer clientes**.

A empresa pode subsistir sem um complexo sistema de informações, sem planilhas eletrônicas ou editores de textos, mas não existe sem regras de negócios estabelecidas.

As regras de negócios possibilitam tomar decisões estruturadas e baseadas em modelos de escolhas preestabelecidos, garantindo conformidade e parâmetros mensuráveis da experiência de seus clientes.

Alguns exemplos dessas regras, declarações, nas organizações

No dia a dia, no relacionamento "consumidor X empresa", mesmo sem perceber, você e seu comportamento de compra estão completamente integrados às regras da empresa.

Seguem alguns exemplos:

1. Cliente com restrição de crédito, não é liberada "venda a prazo".
2. Regras de fidelização: clientes "ouro", "prata" ou "bronze" têm benefícios e condições comerciais diferenciadas.
3. Clientes há mais de 5 anos sem problemas em seu histórico = aprovação automática de crédito.
4. Para cargos de gestão, o candidato deve possuir curso superior com pós-graduação, experiência de 5 anos e inglês fluente.
5. Regras mais complexas como: se o veículo é da marca/modelo "XPTO", o motorista com menos de 35 anos e CEP 12345-678 tem condição de preços diferenciada.
6. Clientes com renda superior a R$ 5.000,00 e sem restrições = liberação automática de R$ 1.000,00 em linhas de crédito.
7. Compra de produto "A" + produto "B" + produto "C" = desconto adicional.
8. Compras acima de R$ 1.000,00, frete gratuito para o cliente.

9. Compras acima de R$ 1.500,00, parcelamento em 3 vezes sem juros.
10. Mês de aniversário do cliente, preço especial.
11. Compras costumeiras de determinados produtos por perfil de clientes = sugestão de produtos em ofertas para esses perfis.
12. Perfis de consumo por faixa etária, classe social, região geográfica, ou qualquer indicador que traga indícios de comportamento = condições específicas para este ou aquele perfil.

Como você pode perceber, algumas regras são referentes a processos, outras são sobre a permissão de fazer ou não uma operação. Tratam também de processos internos da organização, enquanto outras tratam ainda da diferenciação de condições comerciais e benefícios destinados a perfis específicos de clientes. Todas elas, como dissemos nas definições de regras, demonstram a disposição e a maneira como as organizações fazem a gestão e possibilitam seus negócios.

Todas essas regras de negócio **impactam a experiência dos clientes** ao se relacionarem com as organizações.

Você parametriza, registra ou faz a gestão das regras de negócios?

A empresa não existe se não tiver regras de negócios estabelecidas. Como diz aquele velho dito popular "Em casa que não tem feijão, todo mundo briga e ninguém tem razão", ou seja, sem esse mínimo necessário (regras), qualquer operação vira confusão.

Por tratar-se de conceito extremamente básico e essencial para as organizações, essas são comumente levadas a acreditar que fazem a correta gestão de suas regras, que já as têm bem estabelecidas, e pior, que atendem perfeitamente às demandas de mercado e às expectativas de seus clientes, tornando suas experiências agradáveis.

Parafraseando Peter Drucker: "Não há nada tão inútil quanto fazer com grande eficiência algo que não deveria ser feito".

Aqui reside um grande problema: ter regras (**parametrizar**), controlar operações (**registrar**), não garantem eficiência. Não são atividades de gestão.

Perguntas como:

Quais regras são realmente efetivas paras seus negócios?
Quais regras limitam ou contribuem com seus negócios?
Como você cria ou altera uma regra existente em função de uma necessidade específica de mercado?
Você tem o histórico de suas regras, consegue simular alterações e seus impactos?

Responder a essas questões, e a tantas outras, de maneira estruturada, ágil e alinhada às necessidades do negócio e de seus clientes, significa dizer que você faz a **gestão** de suas regras.

Que tal um exemplo?

Baixou aquela vontade de comer algo diferente! Porém você não quer deixar o conforto do lar, quer assistir a seu evento esportivo, ou artístico, e decide solicitar o prato utilizando os serviços de entrega oferecidos por aplicativos.

Sua escolha é um "balde" de frango frito para acompanhar seu evento pela TV. Até então, tudo muito amigável no *app*, facilidade de achar boas opções de restaurantes, facilidade na escolha do prato, agilidade no processo de pagamento, Experiência do Cliente extremamente satisfatória. Até o momento em que você processa o pedido e descobre que o *app* direciona para ser entregue por *bike*.

Nada contra o ciclista ou contra qualquer meio de entrega. Estamos falando aqui sobre logística e o multimodal de transporte mais adequado para cada situação. Estamos falando sobre "regras de negócio" e sua gestão.

EXPERIÊNCIAS QUE DEIXAM MARCAS (CX)

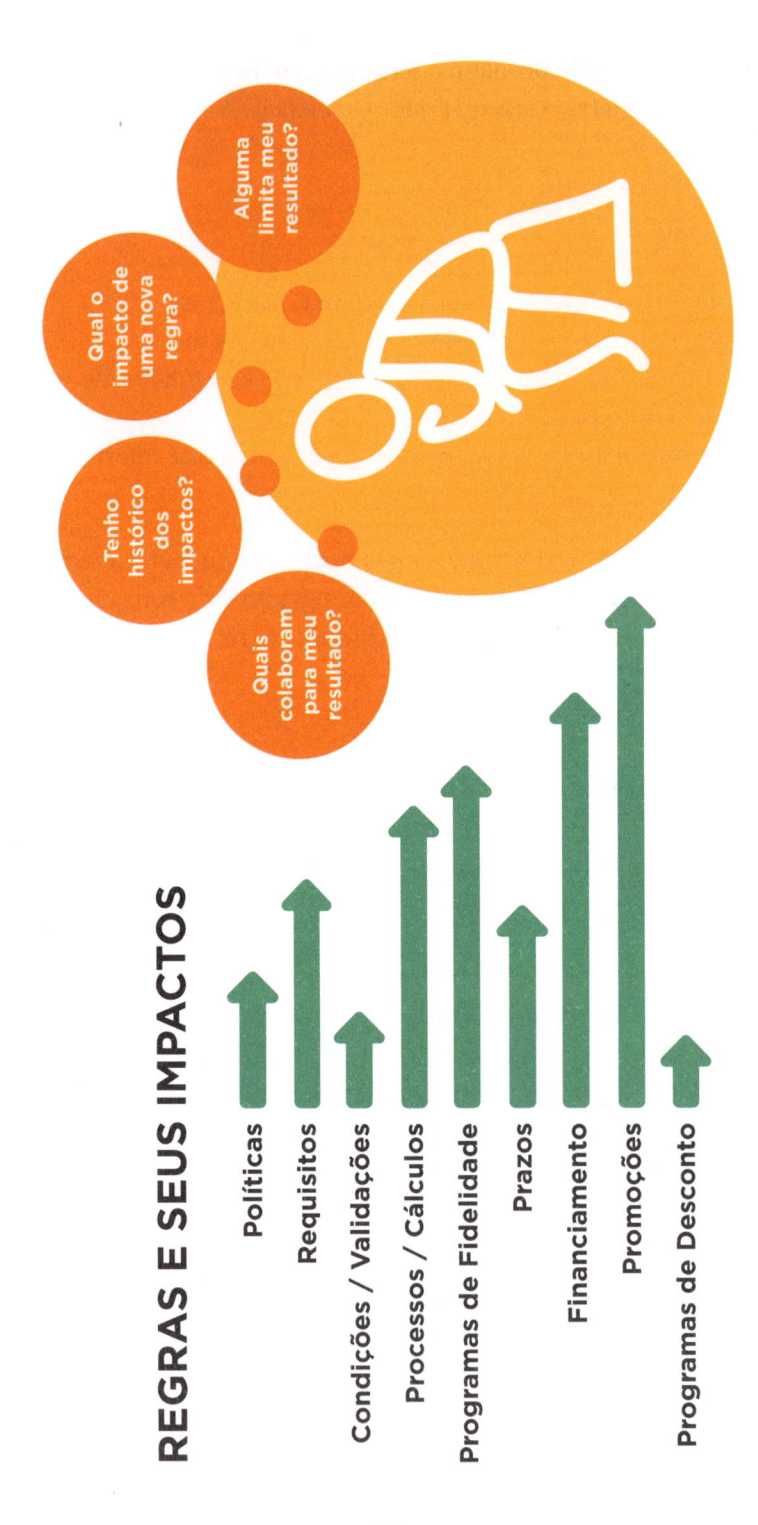

REGRAS E SEUS IMPACTOS

- Alguma limita meu resultado?
- Qual o impacto de uma nova regra?
- Tenho histórico dos impactos?
- Quais colaboram para meu resultado?

- Políticas
- Requisitos
- Condições / Validações
- Processos / Cálculos
- Programas de Fidelidade
- Prazos
- Financiamento
- Promoções
- Programas de Desconto

Fonte: José Joaquim Costa de Oliveira

SISTEMA DE GERENCIAMENTO DE REGRAS DE NEGÓCIO (BRMS)

Naquele momento você começa a imaginar, considerando que conhece a distância do restaurante e o relevo de sua região, que o prazo de entrega e a temperatura de seu prato estarão muito comprometidos.

Acaba a experiência positiva do cliente. Reclamação no SAC. Insatisfação.

O aplicativo parametrizou suas regras (quais restaurantes, quais formas/meios de pagamento, meios de transporte, etc.), registrou (concluiu a operação com sucesso, registrou reclamação no SAC, etc.), mas como faz agora a gestão dessas regras?

A simples criação e acompanhamento de algumas regras (pratos quentes ou fritos, distância acima de X, X km, região geográfica sujeita a aclives) direciona melhor a decisão sobre o meio de entrega e resultaria em melhorar a Experiência do Cliente na utilização do *app*.

A figura abaixo demonstra como a gestão e a criação de regras que suportem seu negócio, possibilitando uma melhor decisão por meio da utilização de ferramenta de BRMS (da qual falaremos a seguir), impactam diretamente na satisfação do cliente e, consequentemente, na sua experiência.

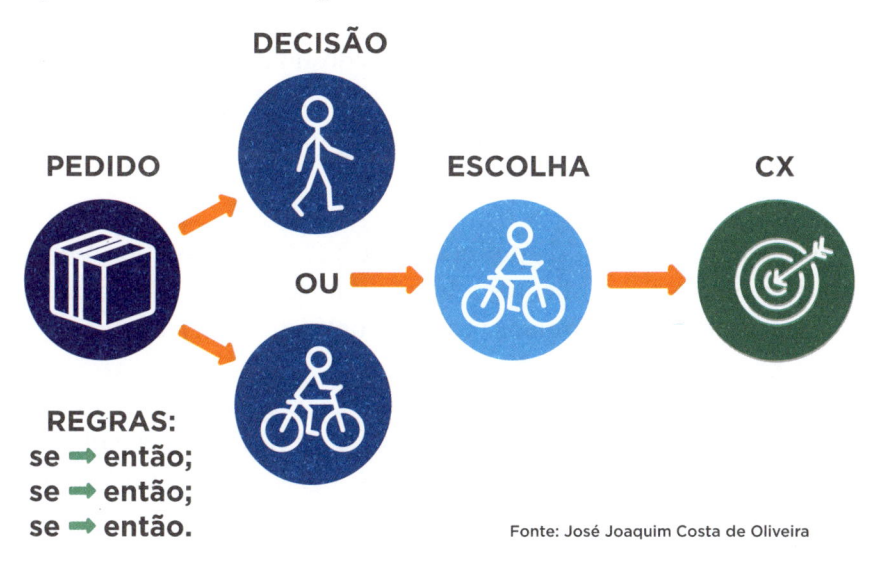

Fonte: José Joaquim Costa de Oliveira

O BRMS

A partir de 2010, soluções de BRMS passaram a apresentar crescimento significativo, principalmente nos mercados americano e europeu. O resultado foi um movimento de aquisição de algumas dessas empresas que despontavam com suas ferramentas e aplicações para diversos segmentos por gigantes como a IBM, por exemplo.

Nesse período, o realinhamento de TI buscou atender às necessidades do negócio, como: agilidade, flexibilidade, governança, disponibilidade e confiabilidade.

Tudo isso somado ao desafio de entregar ferramentas para os "tomadores de decisão", "para as operações" e não somente para o *Glass House* (descentralização).

Esse ambiente constituiu um terreno extremamente fértil para o desenvolvimento de soluções BRMS.

Organizações buscam servir cada vez melhor seus clientes e atrair outros novos pelas experiências proporcionadas. E o uso da tecnologia é ferramenta fundamental para atingir esses objetivos.

Somente conseguimos isso com a descentralização dos processos. Como reforça Nassim N. Taleb em seu livro Antifrágil, Ed. Objetiva: "... Políticas de centralização de TI acarretam em enormes custos e atrasos de implantação..."

Consequências diretas de políticas centralizadoras: distanciamento do negócio e dos clientes e tempos de respostas insuficientes para as modificações, muitas vezes disruptivas, de mercado.

Conhecer suas regras de negócios, conhecer seus impactos e tomar decisões estruturadas baseadas nessas regras possibilitam agilidade. Processos de decisões automatizados, ágeis e flexíveis reduzem drasticamente o *Time to Market* de todas as suas ofertas.

Quem pode prescrever a receita é quem está com a "mão no paciente".

As soluções de BRMS, desde sua concepção inicial, foram construídas dentro desse conceito, tendo como alguns princípios:

- Descentralização de processos de dados, de informações e de decisões.

- Capacidade de processar milhares de regras de negócios e cálculos que impactam diretamente a experiência de seus clientes em milissegundos, independente de sistemas legados.

- Tomar decisões estruturadas baseadas em suas regras de negócio, conhecer e gerir seus impactos.

- Possibilidade de alterar regras em processos extremamente simples (alterações que levavam semanas/meses devem ser feitas em minutos) e torná-las disponíveis instantaneamente para todos os públicos interessados (clientes, estruturas internas da organização, times de vendas, parceiros e fornecedores).

- Modelo estruturado para entregar todas essas possibilidades nas mãos dos "tomadores de decisão".

O BRMS complementa o sistema de informações da organização. Acrescenta a esse sistema que já **parametriza, registra, processa** e **sinaliza** informações a possibilidade de tomar **decisões** que impactam diretamente seus resultados e a experiência de seus clientes.

A figura abaixo demonstra essa completa integração:

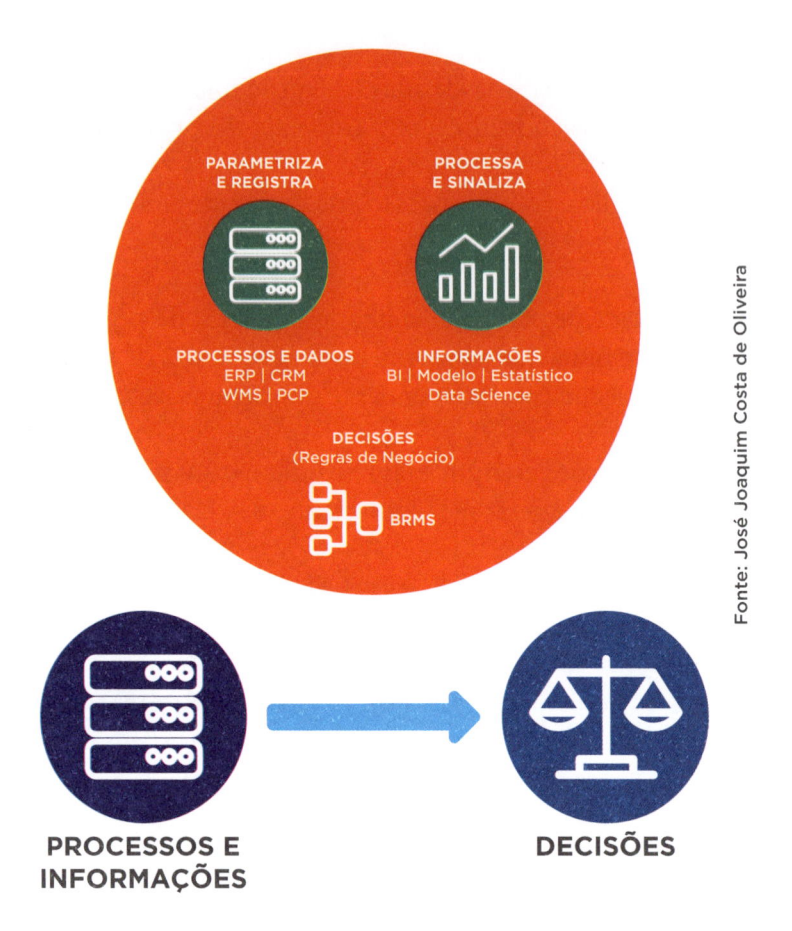

PARAMETRIZA E REGISTRA

PROCESSA E SINALIZA

PROCESSOS E DADOS
ERP | CRM
WMS | PCP

INFORMAÇÕES
BI | Modelo | Estatístico
Data Science

DECISÕES
(Regras de Negócio)

BRMS

PROCESSOS E INFORMAÇÕES → DECISÕES

Fonte: José Joaquim Costa de Oliveira

Além disto, o BRMS possibilita um profundo efeito de transformação sobre como as organizações **pensam**, **executam** e **gerem** suas ações. Entrega o necessário alinhamento para a **transição das organizações centradas em processos e informações para organizações centradas em decisões**.

Se fôssemos convidados a resumir em uma frase o que é um BRMS, diríamos que é um sistema de gerenciamento que possibilita, de modo ágil e confiável, criar, alterar, implementar, executar, simular, decidir, monitorar e manter o conjunto de regras de negócio de uma organização, visando gerar valor e aumentar a satisfação de clientes.

Algumas aplicações práticas por segmentos de mercado

Quando falamos de CX, todos os *touchpoints*, ou pontos de contato dos clientes com a organização, precisam ser considerados.

Imagine uma experiência incrível de um cliente que pode ser maculada com um contato com a área de suporte ou com o financeiro para regularizar alguma pendência. Todas as áreas da organização com possibilidade de contato com o consumidor *(touchpoints)* precisam ter capacitação, treinamento e ferramentas para que esse momento fortaleça ainda mais a Experiência do Cliente com a organização.

Regras de negócio estão presentes por toda a organização: financeiro, RH, produção, comercial, qualidade, políticas de garantia e mais. Portanto, muitas são as áreas que podem ter uma ferramenta de BRMS no apoio de seus processos e decisões.

Destacaremos apenas algumas áreas e segmentos a título de exemplificação.

Seguros/Previdência

Segmento com grande complexidade de cálculos atuariais, regras de aceitação e precificação de produtos diversos. Tomar decisões baseadas em regras representa tarefa importante nos processos desses segmentos, além da necessidade de lidar com uma enorme gama de variáveis e perfis de clientes. Criar ou modificar regras demanda agilidade, sob pena de prejudicar seu desempenho e capacidade de resposta aos clientes.

Principais desafios:

- Granularidade para atender inúmeros produtos e mercados.
- Cotações rápidas e seguras.
- Agilidade na criação de novos produtos.
- Redução no *Time to Market*.

- Propostas, agilidade para emitir/ajustar proposta e simulações.
- Autonomia para alteração de regras, controle de alçada/trilha de auditoria.

Varejo/Distribuição

Segmento que necessita de regras de negócio para diversos tipos de clientes, regiões e canais de venda. Somam-se a essa complexidade a validade de regras (promoções), cálculos e regras de comissionamento multinível em um ambiente de enorme capilaridade.

Principais desafios:

- Informações de vendas (preços, promoções, comissões) atualizadas diariamente.
- Regras de incentivo conforme evolução de vendas, aumento da confiança no processo comercial e promoção de maior engajamento da equipe.
- Controle de regras vigentes e vigência de regras (promoções).
- Proximidade com "Cenário Real" das interações com seus clientes, garantindo efetividade de suas regras.

Indústria

Processos industriais contam com centenas de variáveis, inúmeras regras e processos de decisão que impactam diretamente a capacidade de acompanhar as demandas de mercado, eficiência, produtividade e lucratividade.

Principais desafios:

- Gerenciar regras de negócios como partes de sistemas de planejamento e produção, com tomadas de decisões rápidas, padronizadas e configuráveis para momentos específicos (sazonalidade).
- Reengenharia de processos: facilidade na criação e alteração de regras.

- Ambiente técnico com inúmeras variáveis/catálogos. Regras de negócio em um ambiente de grande diversidade.

Comércio Eletrônico/Vendas *Online*

Segmento que exige respostas rápidas (milissegundos), com precisão e integridade nas tomadas de decisão e que estejam extremamente alinhadas às modificações súbitas de comportamento de seus clientes.

Principais desafios:

- Escalabilidade.
- Precisão e integridade nas tomadas de decisão.
- Desempenho – capacidade de processar milhares de informações por segundo.
- Histórico de alterações.
- Vigência de regras (por dias, horas ou minutos, se o mercado assim necessitar).
- Impacto das alterações.
- Simulações.

Serviços Financeiros

Segmento muito vinculado aos comportamentos de mercado e de clientes: regulamentações; construção e definição de políticas de atendimento; programas de fidelidade e inúmeras interações com sua base de clientes e novas captações. Regras de negócios gerenciáveis e adaptáveis significam possibilidades de atingir novos mercados e mitigar riscos. Tarefas que exigem tomadas de decisão consomem acima de 70% do tempo e necessitam de automatização, agilidade e, principalmente, gestão e flexibilidade.

Principais desafios:

- Acelerar *Time to Market* de produtos financeiros.
- Centralizar tomadas de decisão com resposta imediata para diversos agentes, simultaneamente.

- Governança corporativa na gestão de regras de negócio.
- Alçada e trilhas de auditoria para criações e alterações de regras.
- Controle de vigência de regras.

O BRMS e os desafios da nova economia

São muitos os desafios da nova economia que modificam o modo como as empresas fazem negócios e como os clientes experimentam essas relações.

Destaco aqui alguns desses desafios que encontram na utilização das soluções de BRMS um apoio importante para as estratégias das organizações.

Experiência única do cliente

Diferente de outros tempos, em que a própria comunicação buscava atingir o maior número de pessoas com um único modelo, uma única argumentação, **única** agora deve ser a Experiência do Cliente.

Sua satisfação, seu problema, suas dores, sua necessidade, suas preferências. Isso é o que você espera em suas experiências como cliente. Empresas como Netflix, Amazon e Google conseguem tratar cada cliente, e estamos falando de milhões nesses casos, como se fosse único. A experiência parece ser feita "sob medida" para cada um. Cada vez que você acessa esses serviços, tem a impressão de que tudo foi feito para a sua experiência.

A mesma lógica se aplica às regras de negócios. Não é mais possível "atender o maior número de clientes ou o maior número de operações com algumas poucas regras".

Para que você tenha ideia, para melhor modelagem de negócio, sistemas de BRMS executam mais de 5.000 (**cinco mil**) regras e cálculos para a tomada de decisão em alguns segmentos de mercado. E estamos falando aqui de um **único** negócio.

É o conceito de **granularidade**. Suas regras de negócio devem possibilitar atender aos mais diferentes perfis e necessidades de clientes, por mais particulares que sejam.

Tecnologias disruptivas

O que faz sucesso, o que dá certo hoje pode deixar de existir amanhã. Esse é o poder das tecnologias disruptivas. Mudam o comportamento, o padrão de compra e de consumo de todo um mercado muito rapidamente.

Imagine **regras!**

Lembra da definição do Michaelis? ***re.gra (sf) Relação subjetiva entre vários elementos.***

As ferramentas de BRMS, com seus conceitos de gestão, possibilitam entender a efetividade de suas regras de negócio em interação com as novas realidades de mercados disruptivos.

Cibridismo

Cibridismo é um termo da nova economia que representa a hibridação, a mistura entre os mundos *on* e *off-line*, entre o real e o virtual, uma característica da nova economia.

Tenho certeza de que você já passou pela experiência de acreditar que estava conversando com a interferência humana em um SAC, por exemplo, e depois descobriu que falava com um robô. Isso quando você percebe.

E a fronteira está cada vez menor. Virtual e real estão "juntos e misturados"!

Os sistemas de informação e decisão das organizações precisam suportar essa nova realidade. As tomadas de decisão, como no caso que citei acima de execução de 5.000 regras, para tornar a

Experiência do Cliente única, precisam entregar agilidade e flexibilidade.

O cliente da nova economia não quer ouvir: "Estaremos verificando", "Vamos estar retornando", "Vamos estar consultando". O cliente quer decisões e respostas para suas questões. Essa é a experiência que toda organização precisa proporcionar.

Agilidade e flexibilidade na execução de regras e tomadas de decisão disponibilizadas nas mãos do "tomador de decisão", integrando regras de negócio automatizadas ou não, possibilitam entregar esse tipo de experiência para os clientes.

Uma foto do BRMS

Quando falamos de um novo conceito (apesar de já termos muitos anos dessa história) e de tecnologia, podem surgir algumas dificuldades de entender suas aplicações práticas e como utilizar essas ferramentas em nosso dia a dia corporativo. Espero ter contribuído bastante no sentido, senão de esclarecer essas dúvidas, pelo menos de suscitar a curiosidade para continuar pesquisando o tema.

Imagens podem ser uma boa maneira de resumir, exemplificar e provocar curiosidade. Por isso, resolvi encerrar este capítulo com uma "foto" do BRMS.

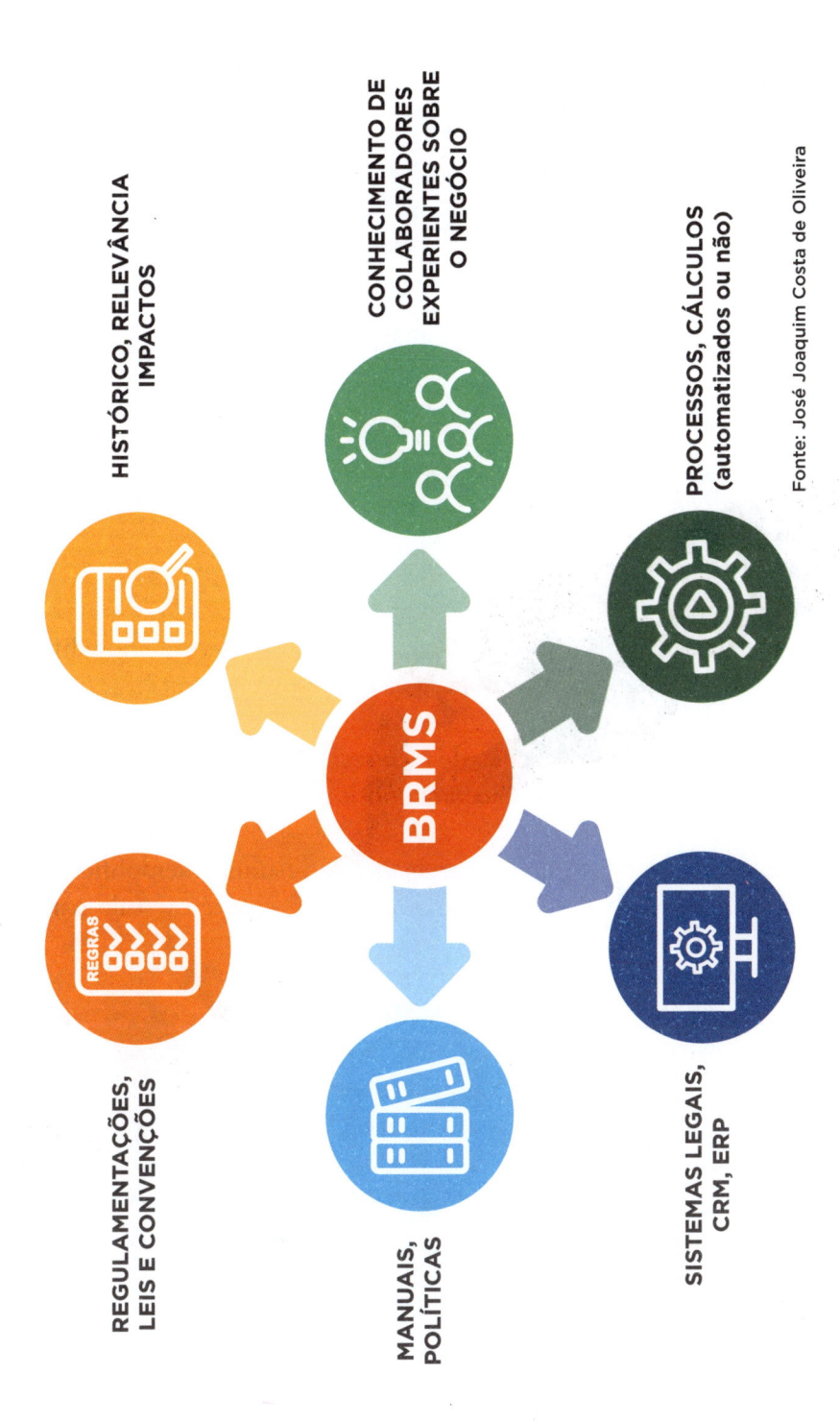

SISTEMA DE GERENCIAMENTO DE REGRAS DE NEGÓCIO (BRMS)

HISTÓRICO, RELEVÂNCIA, IMPACTOS

CONHECIMENTO DE COLABORADORES EXPERIENTES SOBRE O NEGÓCIO

PROCESSOS, CÁLCULOS (automatizados ou não)

BRMS

REGULAMENTAÇÕES, LEIS E CONVENÇÕES

MANUAIS, POLÍTICAS

SISTEMAS LEGAIS, CRM, ERP

Fonte: José Joaquim Costa de Oliveira

19

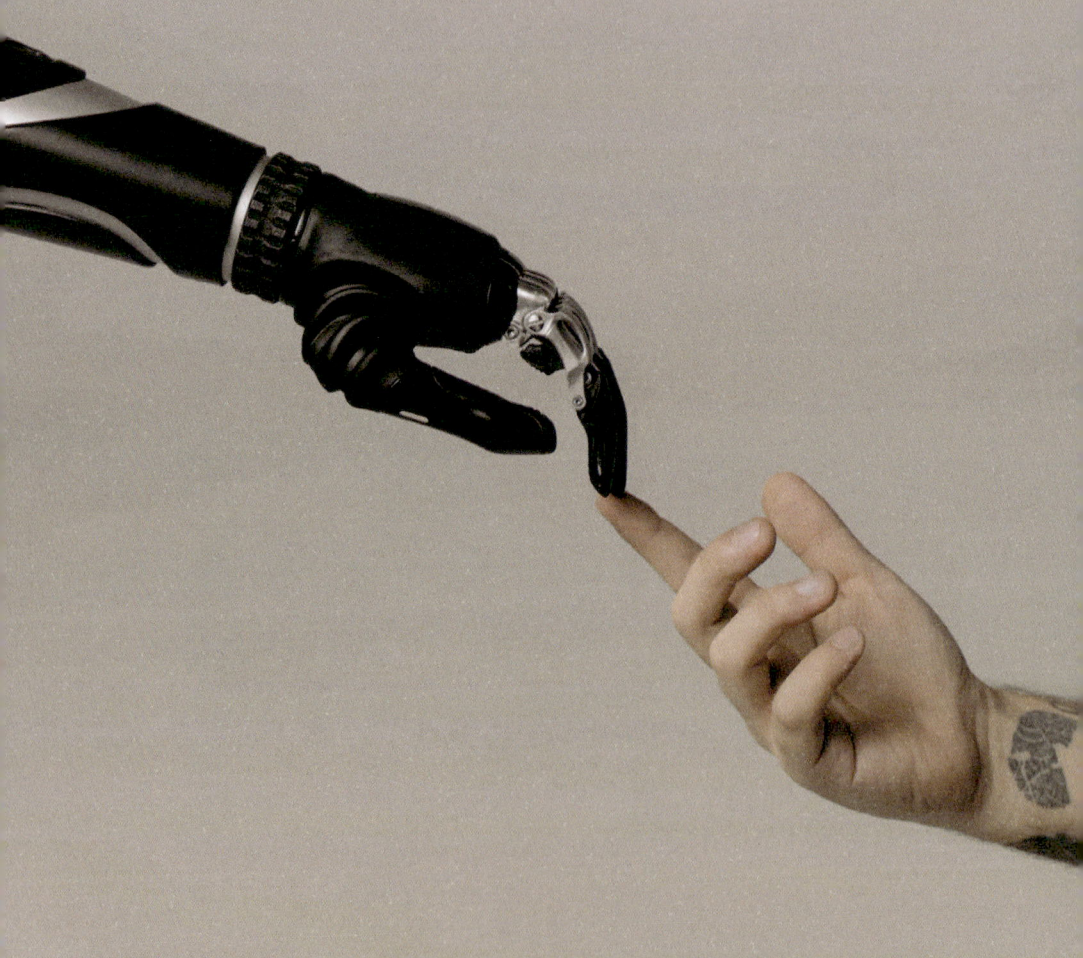

INTELIGÊNCIA ARTIFICIAL E REALIDADE AUMENTADA

por Jim Jones da Silveira Marciano

A Inteligência Artificial, também comumente chamada de IA, é uma área que desperta a curiosidade e imaginação das pessoas desde meados do século 20. Nesse período foram escritos vários livros, além de serem produzidos diversos filmes, séries e desenhos animados, criados a partir da imaginação de como seria o futuro século 21. Por muito tempo, a IA esteve restrita a um universo mais acadêmico do que comercial. Isso aconteceu por diversos fatores, como limitação de coleta e armazenamento de dados, limitação de processamento e dificuldade para desenvolver os modelos de inteligência.

Mas o que é a Inteligência Artificial? De forma sucinta e bem objetiva, podemos descrever a IA como uma forma de prover às máquinas a capacidade de realizar atividades que até então eram realizadas por seres humanos. Saindo do campo filosófico do tema, uma IA é composta por modelos matemáticos e lógicos que buscam representar um determinado conhecimento de forma que uma atividade seja realizada e replicável. Por exemplo: o sistema para identificar se um motorista está com sono ou cansado por meio de processamento de imagem; o cálculo de tempo para percorrer um determinado trajeto; sistemas de apoio para investimento em bolsas de valores e muitos outros que serão citados no decorrer do capítulo.

Por se tratar de modelos matemáticos e estatísticos em sua maioria, a IA não é uma área nova como muitos acreditam, já que os primeiros modelos matemáticos utilizados para IA foram desenvolvidos há mais de um século. A IA utiliza o que a matemática tem de melhor, ou seja, extrai o conhecimento do mundo por meio dos números e, por isso, não seria estranho saber que a pessoa que é considerada o pai da IA tenha sido um grande matemático. O nome dele é Alan Turing, matemático inglês com uma participação muito importante na Segunda Guerra Mundial. Turing foi o cientista que determinou o principal teste para a avaliação de inteligência para uma máquina, o famoso Teste de Turing, proposto em 1950. Esse teste consiste em separar em três salas isoladas duas pessoas e um computador. Uma pessoa desempenha o papel de interrogador e a outra pessoa, simultaneamente ao computador, responde aos questionamentos. O teste define que o computador possui inteligência a partir do momento em que o interrogador não é mais capaz de identificar com quem está falando. Notou alguma semelhança com a atual realidade?

"PODEMOS DESCREVER A IA COMO UMA FORMA DE PROVER ÀS MÁQUINAS A CAPACIDADE DE REALIZAR ATIVIDADES QUE ATÉ ENTÃO ERAM REALIZADAS POR SERES HUMANOS"

TESTE DE TURING

Fonte: Adaptação Copeland, B.J., *Artificial Intelligence*, Blackwell, Oxford, 1993

Além de Turing, outros grandes nomes da IA foram: Isaac Newton, Carl Friedrich Gauss, Donald Hebb, John Henry Holland, David B. Fogel, entre outros matemáticos. Contudo, ainda é possível incluir nessa lista estatísticos e biólogos que ajudaram a compreender o mundo e a transformar seus conhecimentos e observações em ferramentas para melhorar o nosso dia a dia.

A IA é muito ampla e pode ser dividida nas seguintes subáreas:

Otimização: a otimização busca encontrar um resultado que maximize ou minimize uma determinada função/processo. Pode ser aplicada para encontrar a melhor combinação de matéria-prima que resulte na maximização do lucro sem perder qualidade; a melhor velocidade de uma correia transportadora para reduzir o seu desgaste e manter a produtividade; calcular a quantidade ideal de atendentes em uma central a fim de obter o ponto preciso entre a quantidade de atendimentos e o custo de operação, entre outros diversos problemas.

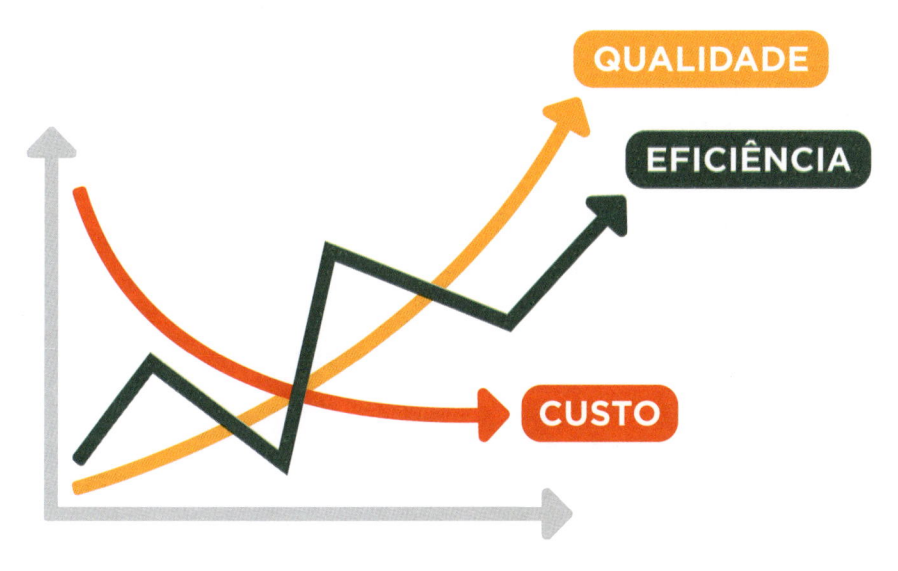

Fonte: Adaptação Nikova, Vanya. *How Cost Optimization with the Cloud Impacts Services and Application Architecture*

Aprendizado de Máquina *(Machine Learning)*: atualmente esse é o tópico mais abordado no mundo quando o assunto é IA. O Aprendizado de Máquina consiste em prover a capacidade de aprendizado às máquinas para que, a partir de um determinado momento, elas possam ser autônomas em suas atividades. O Aprendizado de Máquina pode ser feito de três formas:

- Supervisionado – A massa de dados que é entregue para a máquina contém os dados de entrada e a resposta desejada. A inteligência recebe uma punição a cada vez que erra e, do mesmo modo, recebe uma recompensa pelos acertos. Por exemplo: reconhecimento facial, em que são entregues fotos e a resposta de quem é a pessoa ou apenas a verificação se há um rosto na foto ou não.
- Não supervisionado – Para esse tipo de aprendizado, a inteligência possui apenas os dados de entrada e, a partir disso, deve ser capaz de aprender.
- Semissupervisionado ou por reforço – Esse tipo de aprendizado é uma mistura dos dois anteriores, pois, inicialmente, a máquina começa o aprendizado sem a supervisão e em alguns momentos recebe um estímulo como forma de recompensa ou punição.

Esses estímulos são utilizados pela inteligência para reajustar o seu aprendizado. Esse tipo de inteligência pode ser utilizado em veículos autônomos, detecção de fraudes, etc.

APRENDIZADO DE MÁQUINA

- **SUPERVISIONADO**: ISTO É UMA BOLA, UM FORMA CIRCULAR SEM LADOS. — COMPUTADO.
- **NÃO SUPERVISIONADO**: O QUE PODE DIZER SOBRE ESTES OBJETOS? — SÃO DUAS FRUTAS DIFERENTES.
- **REFORÇO**: AGORA BATA COM O MARTELO NA SUA MÃO PARA ENTENDER POR QUE NÃO DEVE FAZER ISSO. VAMOS. TENTE. — NÃO PRECISA. ACHO QUE JÁ PEGUEI A IDEIA. — MENINO ESPERTO.

Fonte: Adaptação Ceralytics. *The 3 Types of Machine Learning*

Basicamente, os problemas em que o Aprendizado de Máquina pode ser aplicado são de dois tipos: problemas de classificação, ou seja, a inteligência tem que ser capaz de classificar alguma coisa (reconhecimento de objetos, análise de sentimentos em texto, detecção de fraude, etc.); problemas de regressão, ou seja, a partir de uma massa de eventos ocorridos no passado, o modelo irá predizer o valor futuro (aplicações em bolsa de valores, produtos que podem ser comprados por um cliente, etc.).

Estratégias Evolucionárias: esse tipo de inteligência utiliza como alicerce o modelo proposto por Charles Darwin para a evolução das espécies. Nessa estratégia é modelado o problema a ser resolvido e, a partir disso, cria-se uma população de soluções candidatas. É então iniciado um processo evolutivo cujos valores candidatos se reproduzem e são mutados. Assim como na teoria de Darwin, a cada geração de população sobrevivem apenas os candidatos mais adaptados aos problemas, e o processo é repetido até encontrar o melhor resultado. Os problemas aplicáveis são semelhantes aos da otimização: é preciso obter a quantidade ideal de frotas para realizar entregas de produtos; definir a quantidade de totens para exibição de preços de produtos em um supermercado; determinar a quantidade de caixas em operação em um banco.

Lógica Nebulosa *(Fuzzy)*: a lógica nebulosa foi criada para ser aplicada aos problemas que a lógica clássica não é capaz de resolver. Na lógica clássica só existem dois resultados possíveis, o verdadeiro ou falso, e esses valores nem sempre são capazes de proporcionar um resultado compatível com o mundo real. Como exemplo, podemos citar o clássico problema do copo. Na lógica clássica um copo só possui dois estados, cheio ou vazio. A partir disso, foi proposto um modelo mais compatível com o mundo real, permitindo trabalhar com a incerteza e utilizando as variáveis linguísticas para representar tais incertezas. No modelo nebuloso o exemplo do copo poderia ser representado da seguinte forma: vazio, meio vazio, metade, meio cheio e cheio. Após a modelagem das incertezas, o modelo nebuloso relaciona as variáveis linguísticas e obtém um resultado por meio de um conjunto de regras preestabelecidas.

Uma das primeiras soluções que chegou ao público comum, e com grande impacto, foi a implementação do freio ABS, que se utiliza de modelos nebulosos para garantir uma frenagem eficiente, sem travamento das rodas, e reduzir consideravelmente o índice de acidentes.

ESTRUTURA BÁSICA DE UM ALGORITMO

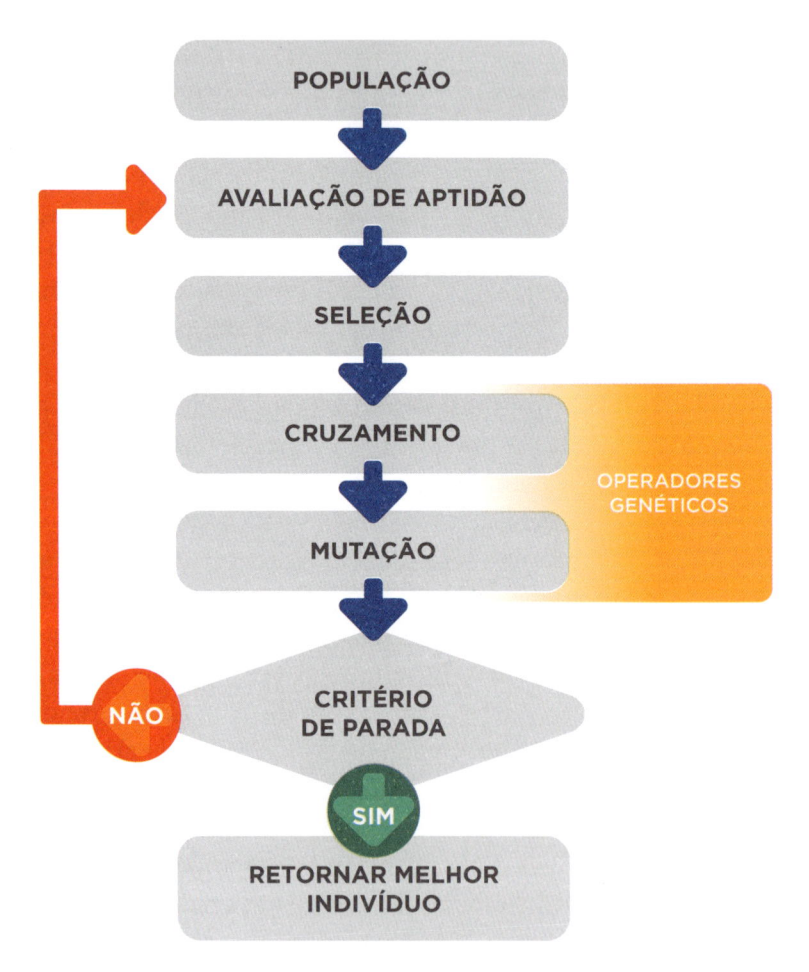

POPULAÇÃO
↓
AVALIAÇÃO DE APTIDÃO
↓
SELEÇÃO
↓
CRUZAMENTO
↓
MUTAÇÃO
↓
CRITÉRIO DE PARADA — NÃO (retorna para AVALIAÇÃO DE APTIDÃO) / SIM
↓
RETORNAR MELHOR INDIVÍDUO

OPERADORES GENÉTICOS (CRUZAMENTO e MUTAÇÃO)

Fonte: Imagem fluxograma Computação Evolucionária - Produzida pelo autor (Jim Jones da Silveira Marciano)

**SISTEMA DE FREIO AUTOMÁTICO
LÓGICA DIFUSA**

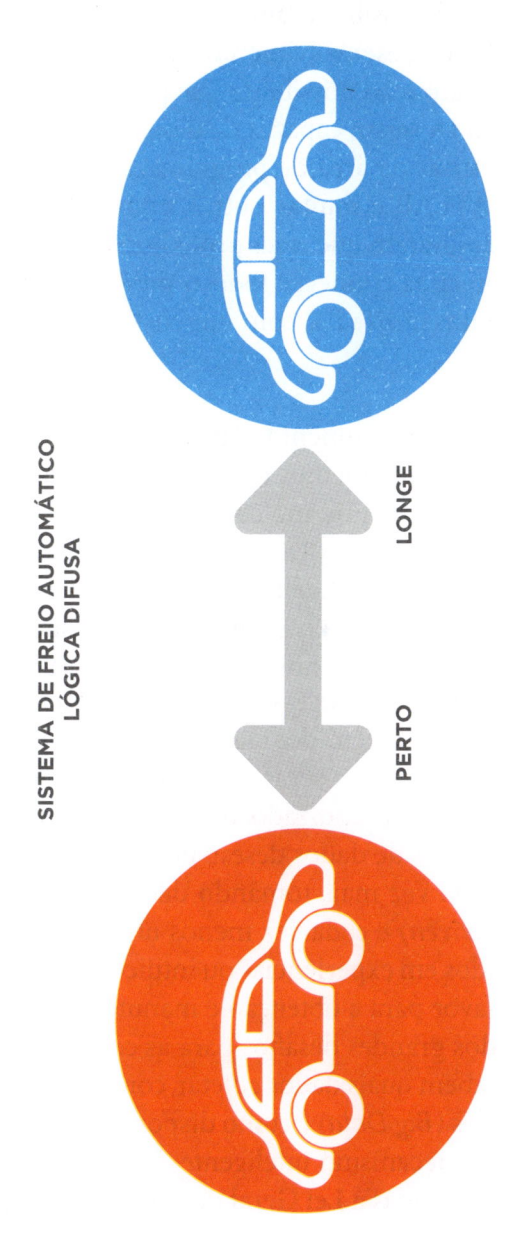

LONGE

PERTO

**O CARRO ESTÁ LONGE? 0-1 (ALCANCE DE NÃO A SIM)
FREIOS 0-1 (ALCANCE DE DESLIGADO A LIGADO)**

Fonte: Imagem Lógica Fuzzy – Adaptação Shinde, Vipul., Thorat, Rohan., Agarkar, Trupti. *Automatic Car Driving System Using Fuzzy Logic*. IJARST - vol. 5, ISSN 2350-0328. Março de 2018

Muito se evoluiu no quesito de implementação da Inteligência Artificial. Empresas gigantes da tecnologia como Amazon (AWS), IBM, Google e Microsoft possibilitaram um acesso democrático às tecnologias envolvidas no desenvolvimento de uma ferramenta inteligente. Essa democratização possibilita que pessoas sem conhecimento profundo em IA sejam capazes de desenvolver aplicações eficientes. Para as pessoas da área de programação, as linguagens como *Python*, R, MATLAB e muitas outras, com suas vastas bibliotecas de IA, possibilitaram que esses profissionais desenvolvessem soluções sem precisar conhecer todo o modelo matemático por trás das ferramentas utilizadas, com um custo muito acessível ou sem custo algum.

O alinhamento da IA com o aumento exponencial da capacidade de processamento dos equipamentos e com o avanço da acessibilidade aos meios digitais permitiu um cenário promissor para que as corporações pudessem desenvolver mecanismos que possibilitaram um maior engajamento e fidelização do cliente com as suas marcas. Desde o início deste século 21, há uma frase que permeia as corporações: "Os dados são o novo petróleo", e essa frase está diretamente relacionada com o sucesso da implementação de uma IA. Quanto maior a amostragem dos dados, maior será a chance de sucesso, pois, assim como os seres humanos, a IA possui alta capacidade de abstração e aprendizado, o que possibilita que esta aprenda com os conjuntos de dados desestruturados e complexos. As empresas estão cada vez mais tomando decisões orientadas a dados (DD – *Data Driven*) e cada vez menos utilizando parâmetros subjetivos baseados em experiências ou intuições. Mesmo com toda a tecnologia a favor para a obtenção e manutenção de dados, estes ainda são um dos grandes desafios para as corporações, pois há aquelas que não sabem quais dados coletar, como pré-processar uma enorme base deles (*Big Data*) e como disponibilizá-los de forma eficiente para um mecanismo inteligente, garantindo que não haverá infrações relacionadas à Lei Geral de Proteção dos Dados.

"O ALINHAMENTO DA IA COM O AUMENTO EXPONENCIAL DA CAPACIDADE DE PROCESSAMENTO DOS EQUIPAMENTOS E COM O AVANÇO DA ACESSIBILIDADE AOS MEIOS DIGITAIS PERMITIU UM CENÁRIO PROMISSOR PARA QUE AS CORPORAÇÕES PUDESSEM DESENVOLVER MECANISMOS QUE POSSIBILITARAM UM MAIOR ENGAJAMENTO E FIDELIZAÇÃO DO CLIENTE COM SUAS MARCAS"

Vivemos numa época conectada, que gera uma quantidade exorbitante de dados por segundo. Assistimos à IoT (*Internet of Things* – Internet das Coisas) deixar de ser tendência e se tornar uma realidade tão presente no cotidiano das pessoas que nem ficamos impressionados mais com tais evoluções. O que até alguns anos atrás seria um devaneio em um filme de ficção, hoje em dia se tornou comum, por exemplo, vermos carros que se comunicam com centrais de serviços inteligentes que ajudam os motoristas em emergências ou simplesmente sanam dúvidas referentes aos veículos, ou ainda robôs autônomos que fazem serviços em centros de distribuição e minimizam o tempo de movimentação do produto nos imensos galpões, o que consequentemente reduz o tempo de entrega. Os aparelhos celulares evoluíram, se tornaram *smartphones* e deixaram de ser apenas um equipamento para fazer ligações. Diga-se de passagem, essa é uma das funcionalidades menos utilizada nesse tipo de aparelho. Atualmente, o *smartphone* é um dos equipamentos que possui a maior quantidade de ferramentas que se utilizam de IA e um dos maiores geradores de dados para as companhias.

O cenário que se vislumbra é muito promissor para as empresas que desejam aplicar a IA com o objetivo de melhorar a Experiência do Cliente. Isso devido ao fato de que o insumo principal, que são os dados, na maioria das vezes já nasce digital, o que permite um ganho inicial, que é a fase da coleta desses dados. Existem situações em que as empresas possuem um volume enorme de dados e não sabem como lidar, no entanto, é recomendável que elas possuam um time de Engenharia de Dados, cujos profissionais tenham como finalidade trabalhar na melhor forma de organização, extração e manutenção de grandes volumes de dados.

Uma vez resolvido o "problema" dos dados, entra em cena uma segunda figura muito importante, o time de Ciência de Dados, que é composto por profissionais altamente qualificados em estatística e IA. A principal função desse time é extrair conhecimento de um conjunto de dados, que aparentemente não possui nenhuma informação para o negócio, e propor soluções adequadas. A consequência do processamento dos dados de clientes por meio de uma ferramenta de IA tem como resultado uma experiência única, personalizada e satisfatória para o cliente. Não há uma empresa que trabalhe com dados digitais que ao menos não esteja se preparando para se utilizar da IA. A presença da IA no dia a dia não é mais um vislumbre do futuro e sim uma realidade que traz bons resultados e permite uma aproximação maior do cliente com uma marca.

Para elucidar melhor o potencial do alinhamento IA com CX, vamos conhecer alguns exemplos de aplicações reais.

- *Fintechs*: *startups* como Nubank, Inter e C6 Bank se utilizam de IA em diversas funcionalidades para o cliente. Um exemplo de serviço é o cadastro, em que a pessoa precisa apenas tirar uma foto com o documento em mãos e a ferramenta do banco analisa se a pessoa é quem diz ser. Nesses mecanismos são utilizadas IAs aplicadas no processamento de imagem para fazer esse reconhecimento. Existem empresas especializadas somente nesse tipo de trabalho de reconhecimento facial. Outro serviço é o aumento ou redução do limite de crédito do cliente. Nesse cenário utilizam-se ferramentas preditivas que, por meio do histórico de utilização do crédito, afirmam se será interessante aumentá-lo ou reduzi-lo. E, como último exemplo para instituições financeiras, há a ferramenta de detecção de fraude, em que a IA da instituição conhece qual é o padrão de comportamento do cliente e, quando há uma alteração, ela classifica como uma fraude.

- *Chatbots*: esse tipo de ferramenta é de suma importância para as empresas que desejam estar próximas de seus clientes. Os *chatbots* utilizam o Processamento de Linguagem Natural conjuntamente com a IA. Quando bem preparados e treinados corretamente, podem aumentar significativamente o índice de satisfação do cliente no relacionamento com a marca, pois é possível que o consumidor tenha a sua necessidade atendida por um mecanismo totalmente autônomo, garantindo assim maior agilidade no atendimento. A IA aplicada em *chatbot* é capaz de compreender intenções, fazer análise de sentimento, propor soluções para o problema apresentado e, quando for necessário, fazer o transbordo do atendimento para um humano. Quando inicia o trabalho, o analista recebe a análise do atendimento começado pelo robô, que inclui dados como: nível de humor do cliente, qual é o problema que deve ser tratado, se já houve alguma tratativa inicial, quais foram as soluções aplicadas em problemas similares, etc. Não é à toa que essa ferramenta é uma das que mais cresce para aplicações que buscam melhorar a experiência do usuário. Em 2020, os *Chatbots* mais conhecidos e difundidos no mercado são: a Siri do iOS, Google Assistente do Android, Alexa da Amazon e um *chatbot* que está em ascensão no Brasil, que é a Bia do Banco Bradesco.

- Mecanismos de sugestão: com certeza você já se deparou com propagandas relacionadas a coisas que você tenha pesquisado, lido, assistido ou ouvido. Essas sugestões não aparecem do acaso, a todo momento os usuários têm suas informações coletadas por diversos mecanismos, e esses dados são utilizados para predizer quais atividades serão realizadas por ele. Mecanismos de sugestão e predição são utilizados em várias etapas das interações de um cliente com uma determinada empresa. Podem ser usados para sugerir produtos ou serviços, para estimar o grau de satisfação do cliente com o produto, o serviço e a marca e no pós-venda. Esses tipos de inteligência são integrados aos grandes sistemas utilizados pelas empresas. CRM *(Customer Relationship Management)*, como Salesforce, e CSM *(Customer Service Management)*, como ServiceNow, são sistemas extremamente complexos com uma enorme gama de serviços, mas possuem um ponto em comum: ambos disponibilizam em suas estruturas nativas mecanismos inteligentes que ajudam as empresas a se relacionarem melhor com seus colaboradores e clientes. Essas inteligências relacionam todo o conhecimento existente em suas bases e o disponibilizam para que as empresas possam utilizá-lo como um diferencial que garanta um melhor relacionamento com seus colaboradores e clientes.

- Realidade Virtual (RV) e Realidade Aumentada (RA): essas tecnologias ainda estão engatinhando para o público comum, porém com um enorme potencial de engajamento dos clientes. Por muitos anos, elas estiveram distantes dos consumidores devido ao custo de implementação e dos recursos necessários para utilização. Porém, no cenário tecnológico em que nos encontramos atualmente, essas tecnologias não dispõem mais dessas limitações e estão sendo implementadas em diversos segmentos. De forma simplista e bem objetiva, vamos resumi-las da seguinte forma: a RV insere a pessoa em um ambiente totalmente virtual, um grande exemplo são os jogos que utilizam óculos de realidade virtual e o jogador tem a sensação de estar realmente dentro do cenário; a RA introduz elementos virtuais no mundo real, podemos citar como um exemplo de enorme sucesso o jogo Pokémon GO, que fez com que milhões de pessoas pelo mundo todo saíssem pelas ruas com as câmeras de seus celulares ativadas, tentando capturar pequenos animais virtuais que apareciam na tela como se estivessem no mundo real. Mas nem só de jogos vivem essas tecnologias, atualmente existem aplicações em vários segmentos como: indústria, saúde, educação, comércio, entretenimento e turismo. A RA e a RV podem ser aplicadas de diversas formas: cartões de visitas em que, ao apontar uma câmera de celular para ele, surgem informações adicionais na tela; em um consultório médico, onde o paciente poderá visualizar melhor a sua patologia e saber como será realizado o tratamento; no comércio, em que o cliente poderá visualizar um produto ainda em fase de lançamento, experimentar uma imersão em um imóvel que ainda está na planta e outras atividades relacionadas; no turismo, em que a pessoa pode ser imersa no destino desejado para ter as primeiras sensações. Também estão sendo utilizadas por museus para melhor interagir com seus visitantes, como, por exemplo, o Museu do Louvre, que expôs o quadro da Mona Lisa em RV.

Como observado nos exemplos apresentados, a IA pode ser utilizada como ferramenta para obter informações adicionais, ajudar funcionários a realizar um atendimento mais ágil e preciso e ser aplicada para contato direto com o cliente. Os mecanismos de IA podem criar uma experiência personalizada melhorando o engajamento do cliente, e, para finalizar a cadeia de aplicações para CX, a IA pode ser utilizada na automatização de processos e serviços, tornando as atividades da empresa mais ágeis e eficientes.

A agilidade de respostas com a aplicação da IA em CX é um desafio para os profissionais da área de negócios, principalmente para os líderes, pois suas estratégias e projetos podem sofrer alterações profundas, como a possibilidade de enfrentar a falta de habilidade por parte de seus colaboradores e/ou a empresa não estar preparada. Em um ambiente escasso de profissionais que trabalham tanto em IA como em CX, é muito provável que a resolução desse desafio não ocorra de forma ágil. Nesse caso, um planejamento bem estruturado da integração das ferramentas e uma supervisão dos processos podem ser elementos-chave para o alcance dos objetivos.

No entanto, o esforço para a aplicação da IA em CX está justamente no alinhamento entre o retorno esperado sobre o investimento com a estratégia de TI.

Para encerrar este capítulo, vamos fazer um compilado de ideias: a IA não é uma tecnologia que será aplicada na empresa e funcionará para sempre. A utilização da IA é uma transformação na forma como a empresa utiliza os seus dados para melhor se relacionar com seu cliente, e o resultado dessa transformação deve ser acompanhado por toda a vida da IA. Vimos que IA sem dados não existe, portanto, colete o máximo que puder, pois a IA vai auxiliá-lo a extrair conhecimentos e gerar valores a partir desses dados. Por fim, gostaria de concluir com uma breve provocação: considerando que você possua dados e já tenha um certo engajamento com seus clientes, como e onde a IA poderá ajudá-lo a elevar a CX?

"A CONSEQUÊNCIA DO PROCESSAMENTO DOS DADOS DE CLIENTES POR MEIO DE UMA FERRAMENTA DE IA TEM COMO RESULTADO UMA EXPERIÊNCIA ÚNICA, PERSONALIZADA E SATISFATÓRIA PARA O CLIENTE"

20

O CUSTOMER EXPERIENCE PÓS-PANDEMIA

por Larry Sackiewicz

Uma das diferenças deste livro com relação a outros sobre o mesmo assunto é a época em que ele foi escrito. Sim, época, não ano ou período, mas época, um momento diferente na história das gerações dos *Baby Boomers*, Geração Y e Geração Z.

Talvez somente comparado a um momento tão agressivo e assustador como a Segunda Guerra Mundial, a pandemia da Covid-19 trouxe, como aquele evento, uma mudança profunda no comportamento e, por tabela, na economia, nos costumes, na psicologia, nas relações sociais, na cultura e na forma de se relacionar e de se comprar.

Combalidos por uma crise econômica global, cada país tratou de combater a pandemia ao seu modo e com as ferramentas que possuía no momento, mas, de forma geral, o resultado foi praticamente igual no que se refere aos padrões de compra, dos quais podemos listar a seguir:

1. Queda expressiva da economia nos primeiros meses da expansão da doença e um aumento significativo da mesma economia oito meses depois do primeiro alerta.

2. Aumento significativo das compras *online* comparado com o decréscimo sensível nas vendas de lojas físicas em um primeiro momento e, no mundo pós-pandemia, o estabelecimento das compras online em um patamar igual ou superior ao físico.

3. O trabalho remoto, *home office*, mudou para sempre a forma de trabalhar, o relacionamento interpessoal e o mercado imobiliário.

4. Educação a distância e cursos de extensão – Nesse contexto, uma nova figura deve entrar em cena: os mentores virtuais. Também devem surgir em breve novas plataformas ou serviços que conectam mentores e professores a pessoas que desejam aprender sobre diferentes assuntos.

5. *Shopstreaming* – Com o isolamento social, as *lives* explodiram, principalmente no Instagram. As vendas pela internet também cresceram, passando a ser uma opção para as lojas que até então se valiam apenas do local físico. Explicando, o *shopstreaming* seria uma versão Instagram do antigo Shoptime.

6. Reconfiguração comportamental – O medo, a ansiedade e as alterações psicológicas mudarão definitivamente a forma como o consumidor vai se relacionar com o processo de compras, com a adesão às marcas e com o que mais almejam as empresas, a fidelização. Será cada vez mais "normal" os **departamentos de saúde mental** nas empresas.

"Consumir por consumir saiu de moda", escreveu no *site* O Futuro das Coisas, Sabina Deweik, mestre em comunicação semiótica pela PUC e pesquisadora de comportamento e tendências. O outro lado desse processo é um questionamento maior do modelo de capitalismo baseado pura e simplesmente na maximização dos lucros para os acionistas. "O coronavírus trouxe para o contexto dos negócios e para o contexto pessoal a necessidade de revisitar as prioridades. O que antes em uma organização gerava resultados financeiros, persuadindo, incentivando o consumo, aumentando a produção e as vendas, hoje não funciona mais", disse Sabina.

Todo o processo de venda, de criação da marca, de desenho da Experiência do Cliente deve ser mudado então? Talvez a ação de mudar não seja tão necessária quanto a ação de entender os processos globais de mudança de padrão de consumo, de comportamento e de realidade perante um novo mundo. Durante a pandemia global, a necessidade das marcas em todos os setores de demonstrar empatia, confiança e segurança aos clientes e clientes potenciais nunca foi tão imperativa. Embora construir uma conexão humana sempre tenha sido o cerne da Experiência do Cliente, nos últimos anos, muitas marcas mudaram para um marketing personalizado mais rico em recursos como a principal forma de melhorar o engajamento e a fidelidade. Se houver alguma pequena lição "franca" a ser adicionada ao manual de Experiência do Cliente colhido na pandemia, nunca devemos nos esquecer de uma coisa importante: os seres humanos são o nosso público-alvo, e esse é o fator imutável na equação. Como tal, a Experiência do Cliente deve ser, acima de tudo, centrada no ser humano. Os dados estão disponíveis para apoiar essa afirmação.

Na verdade, de acordo com um estudo de março de 2020 sobre confiança na marca e a pandemia, de Richard Edelman[1], "71% dos entrevistados disseram que se perceberem que uma marca está gerando lucro sobre as pessoas, eles perderão a confiança nela para sempre".

---

1. Fonte: relatório especial do Barômetro de Richard Edelman sobre marcas.

"CONSUMIR POR CONSUMIR SAIU DE MODA"

Outro artigo da Forbes, também de 2020, dizia que "Há 50 estatísticas que provam o valor da Experiência do Cliente"[2] e mostrava que as empresas que fornecem uma conexão emocional com o consumidor superam o crescimento das vendas de seus concorrentes em 85%.

Experiência no futuro próximo: prevenção e informação

A Experiência do Cliente pós-pandemia será muito diferente daquela do mundo pré-pandêmico. De repente, estávamos nos envolvendo com clientes traumatizados coletivamente, rodeados pelo risco de exposição, com bloqueios que afetam as atividades do dia a dia e com crescentes preocupações financeiras. As Experiências do Cliente projetadas para comercializar produtos e serviços devem ser elaboradas com cuidado, com menos foco em "vendas" e mais em entregar mensagens de empatia, educação, confiança e segurança. A boa notícia é que muitas marcas aceitaram o desafio. Foram muitos os exemplos de empresas que criaram anúncios e promoções no final de 2020 enfatizando a preocupação da marca com a segurança de seus usuários, na forma de avisos de saúde e medidas preventivas, em vez dos anúncios típicos de descontos de preços e mensagens sobre a superioridade do produto. Outras empresas também realizaram ações objetivas para apoiar os serviços de saúde e organizações sem fins lucrativos. Para cada organização, a mensagem de educação e preocupação deve ser replicada e medida nos canais tradicionais e digitais. A melhor maneira de entregar uma mensagem revisada pelos canais digitais é por meio da experiência certa do cliente. As organizações que podem proporcionar essa experiência, juntamente com uma estratégia de garantia apropriada, estarão destinadas a criar uma conexão mais forte com seus clientes, que durará muito além da pandemia.

---

2. *50 Stats That Prove The Value Of Customer Experience*; Blake Morgan, Sep 2019.

EXPERIÊNCIAS QUE DEIXAM MARCAS (CX)

CONSTRUIR CAPACIDADE "ÁGIL" PARA TEMPOS FLUIDOS	Use as redes sociais, não as pesquisas, para leituras rápidas do cliente	Solicite aos funcionários informações concretas para insights	Economize tempo com laboratórios de "teste e escala"	Preste atenção aos "modos de recurso", indicando que você perdeu os sinais do cliente
REIMAGINE O MUNDO PÓS-COVID 19	Tempos econômicos difíceis forçarão cortes de custos	Migrar clientes para canais digitais para economizar dinheiro e aumentar a satisfação	As lojas físicas podem ter uma aparência muito diferente após a crise	
CONHEÇA SEU CLIENTE E ONDE ESTÃO	Inove modelos digitais para ajudar os clientes a enfrentar a crise com segurança em casa	Expanda as opções de entrega em domicílio	Considere as operações sem contato	
FOCO NO CUIDADO E PREOCUPAÇÃO	Alcance, mas com suporte, não com marketing	Priorizar os funcionários e a comunidade	Permaneça fiel ao propósito e aos valores da empresa	

Fonte: McKinsey and Company - *Adapting customer experience in the time of coronavirus*

Inclusão digital para todos os usuários

Enquanto o mundo ainda enfrentava a Covid-19 nos meses de término de 2020, os clientes finais eram forçados a adotar a mídia e as tecnologias digitais, independentemente de sua idade, preferência linguística ou desafios físicos (de acordo com o Grupo do Banco Mundial, cerca de 15% da população mundial tem algum tipo de deficiência, e no Brasil é ainda maior, com 23% da população ou 45 milhões de pessoas segundo o Censo de 2010). Membros da população idosa que frequentavam centros de saúde para exames regulares tiveram que se adaptar às opções de telemedicina. Antes da pandemia, um indivíduo com 65 anos ou mais e um idoso com deficiência física iam fisicamente às agências bancárias para cumprir os serviços financeiros. Agora, eles, de repente, se depararam com a necessidade de "navegar" pelos serviços e transações financeiras em um ambiente totalmente virtual. Não é de surpreender que um terço das pessoas com 65 anos ou mais não confie em sua capacidade de usar eletrônicos e navegar na *web*. Mas isso irá mudar, e cada vez mais os idosos e os que têm algum tipo de deficiência física usarão o mundo digital como um modo de transpor suas barreiras.

Opa, *phygital*, o que é isso?

Mesmo antes do primeiro relato da aparição da Covid-19, o conceito de *phygital*[3] já era discutido nos meios acadêmicos e empresariais. E, por certo, após a pandemia, o *phygital* aparecerá consolidado mesmo levando em conta que muitas empresas ainda refletem processos e modelos de estrutura interna que não colocam a Experiência do Cliente no centro da sua estratégia *(customer centric)*. A divisão clássica entre marketing, *trade marketing* e comercial não atenderá mais às necessidades de uma jornada *phygital*, já que os consumidores navegam em ambientes digitais e físicos (nessa ordem) para cumprir sua missão de compra.

---

3. De forma resumida, *phygital* é a intersecção entre o meio físico e o meio digital, que pode ser obtida a partir de mecanismos como um *smartphone* ou um dispositivo IoT (Internet das Coisas), por exemplo, e complementada em uma loja física.

"A CRISE FORÇA A COMUNHÃO DE PROPÓSITOS"

A ativação dos diversos pontos de contato na jornada deve ser um esforço conjunto das áreas que são responsáveis pelos clientes B2B e B2C.

E não se trata apenas da comunicação integrada, pois isso já é um pressuposto há mais de duas décadas nas teorias de marketing, porém já presenciamos desconexão entre campanhas para canais de comunicação e canais de marketing. O que precisamos questionar é como os processos devem se adaptar à jornada *phygital* e consequentemente às estruturas das empresas. Os processos de gestão de marcas, gestão de canais e gestão de clientes derivam para um alinhamento estratégico e operacional entre marketing, *trade marketing* e comercial que, de forma conjunta, deve fazer parte de um time que trabalha de forma colaborativa para atração, conversão, engajamento e melhoria de *performance*. O cenário pós-Covid-19 demonstra que a jornada que ficou será ainda mais digitalizada e que os consumidores pesquisarão muito mais sobre os produtos e serviços antes de comprar em algum canal físico de sua escolha. A pesquisa por promoções, comparação de preços e disponibilidade de produtos nos *sites* de busca aumentará e a navegação em social media será ainda mais intensificada do que durante os meses de quarentena, forçando as empresas a se adaptarem rapidamente. Processos e estruturas nos Estados Unidos e na China já trabalham em unidades de negócio lideradas por um Gerente de Desenvolvimento de Negócio que somam os profissionais das quatro áreas: marketing, *trade*, comercial e tecnologia. Outras iniciativas, já mapeadas no Brasil e no mundo, colocam representantes das três áreas em "esquadrilhas" para liderar um canal e/ou até gerenciar a jornada como um todo.

Resumo: qualquer maneira de investir em CX vale a pena

A pandemia criou uma oportunidade para as organizações estabelecerem conexões mais fortes e de lealdade com seus clientes. É importante olhar além da economia de curto prazo obtida ao comprometer a Experiência do Cliente e manter o foco em exceder

PHYGITAL OU NÃO PHYGITAL
EM LATAM, O COMPORTAMENTO PHYGITAL ESTÁ SE TORNANDO A REGRA.

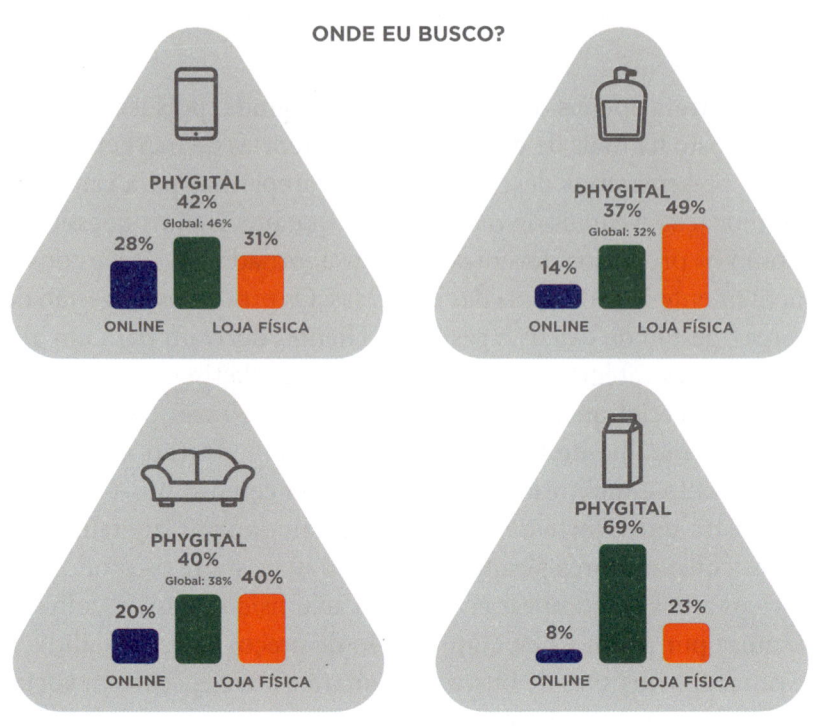

ONDE EU BUSCO?

PHYGITAL 42%
Global: 46%
ONLINE 28% — LOJA FÍSICA 31%

PHYGITAL 37%
Global: 32%
ONLINE 14% — LOJA FÍSICA 49%

PHYGITAL 40%
Global: 38%
ONLINE 20% — LOJA FÍSICA 40%

PHYGITAL 69%
ONLINE 8% — LOJA FÍSICA 23%

Fonte: GFK

as suas expectativas – independentemente da localização, desafios físicos e nível de especialização digital. As organizações que investirem na reformulação de sua experiência digital durante tempos extraordinários de estresse elevarão sua marca e construirão relacionamentos duradouros com seus clientes.

Os dados históricos mostram que investir na Experiência do Cliente durante condições econômicas estressantes oferece uma vantagem significativa durante e após a recuperação. Os dados coletados durante a recessão (principalmente na Europa e nos EUA) de 2007-2009 mostram que os líderes empresariais que investiram na redefinição da Experiência do Cliente proporcionaram retornos três vezes maiores para os acionistas, em comparação com os retardatários.

Manter o relacionamento com o cliente durante uma crise exigirá agilidade e análise para entender as necessidades e dinâmicas de mudança; as organizações que dominarem essas competências criarão maior valor para seus usuários finais e estarão capacitadas para se destacar da concorrência.

O desenho da experiência certa trará clientes mais satisfeitos, que muitas vezes se tornarão defensores da marca e atrairão outros por meio de referências.

"A crise força a comunhão de propósitos", disse certa vez a jornalista americana Michelle Dean, e isso se aplica a marcas e seus clientes quando eles podem se conectar por meio de experiências que alinham propósitos que vão além dos benefícios para os negócios. Esse artigo explorou alguns dos elementos essenciais para fornecer experiências centradas no ser humano e afirma que haverá muito mais oportunidades de nos conectarmos com nossos clientes e consumidores de maneiras novas e poderosas, sempre que navegarmos por tempos turbulentos.

PARTE III

ENTENDENDO COMO FAZER

21

CASES DE SUCESSO NA IMPLANTAÇÃO DE *CUSTOMER EXPERIENCE*

por Larry Sackiewicz

APPLE STORE: GENIUS

Todos nós conhecemos o que é a Apple, quais são seus produtos e seus diferenciais. Mas será que todos conhecem qual é o seu segredo? Bem, tenho o prazer de relatar que o segredo é focar nas emoções do consumidor e examinar os aspectos psicológicos da Experiência do Cliente revelados pelo Gizmodo (Gizmodo é um *blog* publicado originalmente nos Estados Unidos, pela Gawker Media, sediada em Nova York, sendo o terceiro, em número de acessos, em toda a Terra, segundo a Technorati. A versão brasileira foi lançada em 1º de setembro de 2008). Eles obtiveram essas informações preciosas no manual interno da empresa chamado *Apple's Genius Training* e os comentários da Gizmodo são bem interessantes: "Não há necessidade de medir palavras. Este é o treinamento psicológico".

A Apple é um excelente exemplo de como essa tendência de olhar para o que chamamos de psicologia da experiência está começando a se estabelecer. O Gizmodo observou que: o manual poderia facilmente servir como livro-texto da humanidade para uma universidade de robôs, mas, na Apple, é um guia exaustivo para entender os clientes e (tentar) fazê-los felizes. As vendas, ao que parece, ficam em segundo plano com boas vibrações – quase todo o volume é dedicado a empatizar, consolar, animar e corrigir vários confrontos do Genius Bar. A suposição, ao que parece, é que um cliente feliz é um cliente que comprará coisas.

A Apple demonstra como implementar uma experiência subsconsciente usando gestos como parte da ação. Por exemplo: ela treina seus Genius (os *Apple Genius* são funcionários treinados e capacitados pela empresa que atendem clientes nas Apple Stores dos EUA. Eles são um diferencial e têm a fama de serem eficientes e resolverem problemas direto no balcão) no sentido de que acariciar seu queixo faz você parecer pensativo como se estivesse avaliando a situação. Quando você quer parecer que está colaborando, desabotoa o casaco, o que mostra que está começando a trabalhar.

Essa é toda a área da experiência subconsciente que nossos leitores regulares sabem que estamos discutindo há anos. É muito gratificante ver que a Apple está usando isso no *design* e na gestão de sua Experiência do Cliente.

O manual explica ao *Apple Genius* como evocar as emoções do cliente, sendo a empatia uma das principais. A Apple desenvolveu uma lista de palavras específicas que os colaboradores não têm permissão para usar para criar a experiência certa. Certamente nada deve ser negativo.

A Apple se concentra nas emoções do cliente e treina seus funcionários para interpretá-las e depois manipulá-las. Embora a doutrinação seja geralmente profunda, a empresa dá uma bela dose de glicose na veia logo de cara. O guia é um resumo sobre a Alegria de Vender *Gadgets* por meio das "Habilidades, Comportamentos e *Checklists* de Valores da Apple". Vender é uma ciência, a soma de cinco letras bonitinhas: (A)bordagem, (A)valiação, (P)resença, (A)udição e (F)im – no inglês, as cinco letras formam a palavra Apple *(A)pproach, (P)robe, (P)resent, (L)isten, (E)nd*. Em outras palavras, vá até alguém e faça-o se abrir para você acerca dos seus desejos, inseguranças e necessidades tecnológicas; ofereça a ele escolhas (de coisas para comprar); ouça-o; então feche a conversa de uma forma que pareça que o cliente tenha chegado à decisão por conta própria. O manual condena o "empurrar coisas" (isso é algo bom), mas ele também prega uma forma de venda que é levemente medonha: cada cliente da Apple deve se sentir poderoso, quando na realidade é só o *Genius* mexendo os barbantes de um boneco. Na Apple, isso é posto por meio de uma série de máximas: "Nós guiamos cada interação", "Nós nos esforçamos para inspirar", "Nós enriquecemos suas vidas", "Nós tomamos a iniciativa pessoal para fazer a coisa certa". Essas afirmações, se engolidas, fariam qualquer consumidor se sentir como se tivesse acabado de entrar para as forças de paz da OTAN, e não em uma loja de um shopping. Isso funciona especialmente bem quando o cliente está perdido ou tem informações incorretas.

Vejamos o exemplo de uma conversa entre o *Genius* e um cliente:

Cliente – Este Mac é muito caro.

Genius – Entendo como se sente. Achei que o preço era um pouco alto, mas descobri que é um valor real por causa de todo o *software* e recursos integrados.

A manobra é brilhante. O *Genius* trocou de lugar com o cliente. Ele é ela e ela é ele, e talvez aquele *laptop* não seja muito caro, afinal. Ele descobriu que não era, pelo menos.

Todos nós sabemos que a experiência da Apple Store é ótima. Agora revelamos como isso é feito.

Fonte: *Case* baseado nos estudos de Colin Shaw (UK).

LOUIS VUITTON: A DOR É BOA

As mulheres adoram a Louis Vuitton, especialmente na Ásia. No entanto, com base em pesquisas informais feitas com o público, a maioria diz que não gosta e algumas até dizem que odeiam a experiência de compra em lojas de varejo da Louis Vuitton. Embora ninguém negue que se trata de uma marca de sucesso, não parece que uma boa experiência de varejo está sendo oferecida. No entanto, eu diria que a experiência ruim de varejo é consistente e sincronizada com todos os outros pontos de contato para entregar os valores exclusivos da marca para seus clientes-alvo ou, simplesmente, proporcionar uma experiência eficaz.

Uma experiência eficaz preenche duas condições: cria emoções e memórias positivas para os clientes-alvo e, ao mesmo tempo, entrega os valores-alvo da marca recebendo a contrapartida em valor agregado. A Louis Vuitton faz um excelente trabalho em publicidade, relações públicas e eventos de celebridades para criar sua imagem luxuosa e exclusiva e, a partir daí, proporcionar uma experiência real com a visão da loja e decoração de interiores, produtos e sensação de prestígio, sempre sincronizada com as expectativas do cliente e refletida nos valores da marca Louis Vuitton[1]. Qual é o "ponto de dor" nas lojas de varejo da Louis Vuitton? Além do preço, é a "atitude" das vendedoras (a menos que você seja uma celebridade ou se vista e pareça uma pessoa "rica", elas geralmente o ignoram). Disseram-me que essa é uma experiência consistente em todo o mundo, não específica de um país ou região. No entanto, o pico do prazer é projetado em sentimento de prestígio. Parte desse sentimento poderia ser constituída observando como os ricos e famosos estão sendo servidos e como os clientes normais estão sendo ignorados dentro da loja. Nenhum de nós gosta de ser ignorado,

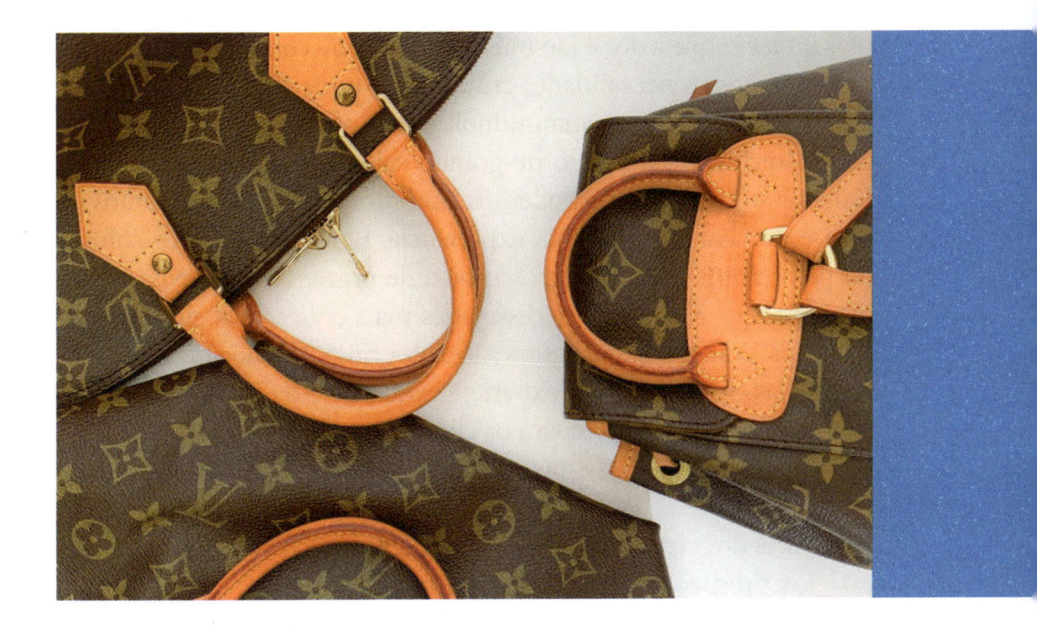

---

1. O ex-presidente executivo da Louis Vuitton, Yves Carcelles (1990-2012), disse certa vez: "Nossa marca tem a ver com confiabilidade, qualidade, estilo, inovação e autenticidade". Mas isso pode não ser conclusivo, de acordo com Richard Wachman, do *The Observer* de Londres: "Louis Vuitton também está vendendo uma certa ideia da França ... uma marca que representa uma França mítica, da qual nem os franceses nem o mundo exterior podem se cansar". Em suma, a essência de um bem de luxo é sua exclusividade, nem todos podem pagar, apenas um seleto grupo de pessoas pode apreciá-lo, e a Louis Vuitton leva o conceito de exclusividade ao extremo.

mas uma vez que a dor é tão intensa (a maneira como somos tratados é uma de nossas necessidades críticas) isso pode ser forte o suficiente para acionar nosso sistema imunológico e psicológico e racionalizar nosso sofrimento por algo de grande valor. A regra de pico-fim de Kahemann[2] nos diz que podemos lembrar apenas dos momentos de pico e de final durante uma experiência. Embora estejamos sofrendo por sermos ignorados, nosso pico de prazer está na sensação de prestígio, que é uma das necessidades mais críticas dos clientes-alvo da Louis Vuitton. Esse sentimento é o principal valor da marca, as memórias efetivas de uma experiência de varejo da Louis Vuitton são altamente positivas tanto para os clientes quanto para a marca. Nesse sentido, a Louis Vuitton está proporcionando uma experiência eficaz.

A maioria dos ciclos de processo do cliente pode ser dividida em três estágios: prospecção, compra e consumo.

Mais uma vez, para simplificar, vamos simplesmente localizar os principais pontos de contato no caso da Louis Vuitton, ou seja, publicidade, relações públicas, eventos de celebridades, site, lojas de varejo, produtos e *call center*. Assumiremos que as comunicações de marketing e o produto fizeram um ótimo trabalho na geração de emoções positivas, enquanto o *site* e o *call center* são relativamente fracos. Quando combinamos os sentimentos emocionais em cada ponto de contato, podemos derivar uma curva de emoção para vários deles.

Nem todo cliente é igualmente importante para você. Da mesma forma, nem todo ponto de contato é igualmente importante para seus clientes e para sua marca. Assim, derivar a importância dos pontos de contato (declarados pelos clientes ou implícitos por correlação ou análise de regressão) é necessário para justificar e otimizar a alocação de recursos entre eles.

---

2. O *Peak-End Rule* ou, melhor dizendo, regra do pico-fim, é uma teoria que se baseia no fato de que a nossa avaliação/experiência pré-evento é impactada pelo efeito de dois momentos: no pico, seja negativo ou positivo, e no final da experiência. De acordo com o psicólogo israelense Daniel Kahneman, vencedor do Prêmio Nobel, nossa lembrança do evento é julgada e baseada no sentimento do auge (ou seja, no ponto mais intenso/no pico) e no final, pois nosso cérebro não consegue se lembrar dos detalhes de todos os pontos de experiências que enfrentamos.

Dando uma explicação ao tema, nem todo ponto de dor do cliente é bom nem toda dor causada é boa. A maioria dos pontos problemáticos do cliente são ruins ou desnecessários e devem ser reduzidos ou eliminados. Existem basicamente cinco tipos de dor:

1. Dor inspiradora: ao resolvê-la, você pode criar uma solução, produto ou modelo de negócio inovador.
2. Dor desnecessária: há pouco ou nenhum valor gerado para os clientes; eles não sofrem por nada.
3. A dor boa: ao permitir isso, o prazer de sua marca pode ser ainda melhorado.
4. A dor ruim: quando a dor boa cai a um nível considerado inaceitável por seus clientes-alvo, ela se torna uma dor ruim.
5. Dor sem marca: o atributo (dor) deve ser o pico de prazer porque reflete a promessa da sua marca.

Para concluir, apenas a dor boa e gerenciada deve ser permitida. Para o restante das dores, você as deve resolver, minimizar ou eliminar o mais rápido possível.

Fonte: *Case* baseado em texto de Sampson Lee.

STARBUCKS: FORJANDO UMA CONEXÃO INESQUECÍVEL

Os funcionários da Starbucks são treinados "no jeito" de atendimento ao cliente desde o início; aprendem como reconhecer e responder às necessidades e aos desejos de um cliente.

É um trabalho difícil, mas vale a pena. Considere o "Método *Latte*" em que eles são treinados para atuar em situações desagradáveis: "Ouvimos o cliente, reconhecemos sua reclamação, agimos resolvendo o problema, agradecemos e, em seguida, explicamos por que o problema ocorreu". Esse método permite que os funcionários respondam bem a situações difíceis – algo que a maioria dos representantes de serviço acha difícil de lidar em seu trabalho diário. Dessa forma, os funcionários da Starbucks são livres para criar uma experiência positiva, em cada loja, sempre.

Indo mais fundo com o cliente

Além de lidar com o negativo, os funcionários da Starbucks também se esforçam para se conectar com o cliente, incrustando uma experiência personalizada e garantindo a sua fidelidade. Por exemplo, os funcionários da Starbucks não apenas conhecem seus clientes fiéis pelo nome (e quando não conhecem marcam em um papelzinho), mas também lembram de seus pedidos regulares. Cumprimentar o Eduardo quando ele entra na loja com uma pergunta como: "Então, Edu, o de sempre?". E um belo sorriso faz maravilhas pela lealdade.

Isso é apenas o começo. Os funcionários da Starbucks se sentem à vontade (e são encorajados a fazer isso) para perguntar aos clientes sobre suas vidas. Então, o Edu não só pede um *Latte* às 10h como também pede comida todas as manhãs e ainda conta as peripécias de seu filho pré-adolescente. Junte tudo isso e você terá um funcionário que parece genuinamente interessado na vida de seus clientes e que trata o consumidor não como um alvo de vendas, mas como um ser humano com uma vida além das paredes da loja da Starbucks.

"UMA ÓTIMA EXPERIÊNCIA COM A MARCA ENVOLVE ENTENDER AS NECESSIDADES, AS ATITUDES E OS COMPORTAMENTOS DO CONSUMIDOR PARA, ENTÃO, ENCONTRAR CONTINUAMENTE MANEIRAS INOVADORAS DE ATENDER E SUPERAR ESSAS NECESSIDADES"

Em essência, a marca Starbucks está construindo uma conexão estreita e um relacionamento pessoal. Um relacionamento como esse não é esquecido facilmente e aposto que o Eduardo voltaria ao Starbucks dia após dia não apenas para beber o café maravilhoso, mas também por causa da sensação de intimidade e familiaridade, sem ao menos perceber esse fato.

Personalize a experiência e a monitore constantemente

A história conta que um homem estava tendo um verão louco e exaustivo. Um dia em particular, preparando-se para uma longa jornada de trabalho, ele decidiu aumentar seu café Starbucks para um tamanho grande. Quando ele recebeu seu café, havia um bilhete junto com sua bebida. E assim começou uma troca entre o barista e o homem por meio de mensagens em copo. Elas iam e voltavam, e o homem, sem querer, se tornou um grande fã da Starbucks. Isso, de acordo com Jeannie Walters (CEO/Fundadora da Experience Investigators, uma autointitulada investigadora da Experiência do Cliente), é um ótimo exemplo de como o que é descrito como uma "microinteração" pode criar uma razão para ser leal além do café. Em suma, o melhor atendimento ao cliente, exemplificado pela atuação da Starbucks, é aquele que cria uma conexão pessoal preferencialmente duradoura e verdadeira.

O ex-presidente e CEO – e agora presidente executivo – Howard Schultz descreve a "Experiência Starbucks" em seu livro "Em Frente" como "nosso propósito e razão de ser". Mas em 2007, à medida que a empresa crescia, ele sentiu que a experiência estava de alguma forma desaparecendo. Schultz percebeu que não sentia mais o cheiro do café nas lojas e os clientes reclamaram do *layout* "padrão". Ele fez uma mudança estratégica: fechou todas as 7.100 lojas em fevereiro de 2008 para uma sessão de treinamento de três horas. A empresa deu um passo para trás e desacelerou a expansão, melhorou sua produção de café e reintroduziu as imagens, os cheiros e os elementos de *design* que outrora definiram a marca.

O *design* da loja, ou localização da marca, é apenas uma das maneiras criativas da Starbucks se conectar com seus clientes, integrando a estética local em cada uma de suas lojas. Os estúdios de *design* da empresa estão estrategicamente localizados para que os *designers* possam entender melhor suas comunidades. Na Times Square, você pode descobrir uma sensação teatral dentro de cada loja; no Sul, os *designers* podem buscar inspiração em um celeiro envelhecido ou no gênero musical regional dos pampas; e em uma loja perto da praia, as cores emprestadas das ondas do mar podem ser a última inspiração.

Fiel à forma, a Starbucks queria um modelo *drive-thru* revolucionário. A empresa encontrou maneiras de trazer a experiência da marca de um ambiente interior para a pista ao ar livre, experimentando placas de confirmação digital no *drive-thru* com comunicações de vídeo ao vivo, bidirecionais, que apresentavam um barista preparando a bebida. Os resultados do *drive-thru* têm sido tão dramáticos (as lojas *drive-thru* fazem 50% mais negócios) que, alguns anos atrás, a Starbucks autorizou o maior gasto de capital de sua história para adicionar o *drive-thru* à maioria dos seus endereços.

A Starbucks é um bom exemplo do que podemos fazer para deslumbrar o cliente e entender que uma ótima experiência com a marca envolve entender as necessidades, as atitudes e os comportamentos do consumidor para, então, encontrar continuamente maneiras inovadoras de atender e superar essas necessidades. Essa não é uma marca que descansa sobre os louros ganhos no passado, e isso é o que todas as marcas vencedoras deveriam seguir.

Fonte: *Case* baseado no texto de Daniel Tay de NOV/2013, no site The Library, da Zendesk.

22

CASES DE FRACASSO NA IMPLANTAÇÃO DE CUSTOMER EXPERIENCE

por Larry Sackiewicz

1. **Esquecer que os clientes vêm em primeiro lugar e de como desenhar uma experiência equivocada**

Atender às necessidades do cliente e ajudar as pessoas a atingirem seus objetivos deve ser a principal prioridade de sua equipe. No entanto, às vezes os gerentes de sucesso do cliente priorizam o crescimento de sua empresa sobre o sucesso do cliente. Esse é um dos erros mais comuns de Experiência do Cliente porque os gerentes querem empurrar os consumidores para baixo do funil de vendas.

Embora isso possa ser benéfico para sua empresa, não promove o sucesso do cliente e afastará as pessoas. Em vez disso, preocupar-se com os clientes e mostrar-lhes como atingir seus objetivos com seu produto ou serviço é a melhor maneira de evitar esse erro.

Exemplo de empresa: **MoviePass**

O MoviePass era um negócio baseado em assinatura que permitia aos clientes assistir a um filme por dia por US$ 10 por mês. Mas, depois de receber mais de 1.500 reclamações no Better Business Bureau, a empresa suspendeu seu serviço e "não é capaz de prever se ou quando o MoviePass voltará".

Uma das reclamações virais veio de um cliente de São Francisco cuja conta foi repentinamente cancelada sem aviso prévio. Depois de procurar um número de suporte ao cliente aparentemente oculto, ele foi informado de que sua conta fora encerrada devido a uma violação dos termos e acordos. Esse cliente foi assistir a um "filme *premium*" que era contra a política de assinatura e isso resultou no cancelamento sem reembolso. Esse é um ótimo exemplo de como colocar o sucesso da empresa antes do sucesso do cliente. O MoviePass deveria ter deixado suas políticas claras para os clientes quando eles se inscreveram e fornecido recursos que explicassem o que se qualifica como um "filme *premium*".

E, se os clientes ainda assim estivessem violando as políticas, a equipe de suporte do MoviePass deveria tê-los contatado diretamente para informá-los de que estavam infringindo as regras. Em vez de simplesmente encerrar as contas, eles poderiam ter esclarecido a confusão em torno de suas políticas e mantido o negócio de longo prazo do cliente.

2. Não ter um líder de experiência dedicado

A liderança de um profissional dedicado na área de experiência impulsiona uma estratégia eficiente de Experiência do Cliente. Esses funcionários regulam o desempenho da equipe e fornecem todas as ferramentas necessárias para ajudar os clientes. Se você deseja expandir seu negócio, certifique-se de encontrar a pessoa mais adequada para assumir o comando.

Exemplo de empresa: **American Airlines**

As companhias aéreas têm uma reputação notoriamente ruim no que diz respeito ao atendimento ao cliente. Afinal, seus funcionários trabalham em ambientes de alto estresse e precisam ser proficientes na solução de problemas. Com todos os protocolos e políticas que são aplicados nos aeroportos, não é surpreendente que algumas empresas cometam erros.

Foi exatamente isso que aconteceu com a American Airlines quando um comissário de bordo pediu a um passageiro que saísse de um avião. O passageiro estava viajando com um violoncelo de US$ 30.000 que aparentemente era "grande demais" para a aeronave. Então, ele foi convidado a embarcar em outro avião, saindo uma hora depois. Mas a tripulação daquele outro avião também não o deixou entrar e logo ele foi cercado pela polícia do aeroporto porque a equipe achou que ele era "perigoso". Acontece que o cliente estava certo o tempo todo. As políticas da companhia aérea permitiam o instrumento e ele poderia ter voado em seu avião desde o início.

Essa situação mostra por que é tão importante ter um líder de experiência dedicado. Se sua empresa tem muitas políticas, protocolos e regras, sua equipe deve saber cada uma de cor. Do contrário, você deve ter pelo menos um gerente que possa atuar como recurso imediato sempre que ocorrer um problema sério como esse.

3. Falta de atendimento proativo ao cliente

O atendimento ao cliente e o sucesso do cliente costumam trabalhar em conjunto para garantir que seus consumidores tenham as melhores experiências. No entanto, os dois serviços diferem um do outro em um nível fundamental.

O suporte ao cliente consiste em reagir às dúvidas e fornecer respostas. O sucesso do cliente, por outro lado, é uma medida preventiva destinada a rastrear e resolver problemas antes que eles ocorram. Em comparação com o suporte, o sucesso do cliente pode antecipar obstáculos futuros e oferecer soluções mais rápidas.

A proatividade é a base de uma estratégia robusta de sucesso do cliente. Se você deseja que seus clientes percebam o valor real de sua empresa, deve se comunicar com eles regularmente. Como uma das principais táticas do marketing de crescimento, investir em ferramentas de marketing de conversação permitirá que você responda às perguntas do seu público e construa um relacionamento sólido que vá além de *chat* ao vivo e *e-mails*. Oferecer orientação e suporte durante toda a jornada do cliente é sua arma secreta para fazê-lo se sentir valorizado.

Além disso, quando os clientes se sentem valorizados, é mais provável que se tornem apoiadores leais de sua empresa e contribuam para a aquisição de clientes.

Exemplo de empresa: **Target**

Há alguns anos, a marca de varejo Target passou por uma situação em que um usuário do Facebook iniciou uma nova página se passando pela sua equipe de atendimento ao cliente. O usuário respondia a postagens na página da Target e simulava clientes que tinham reclamações sobre a nova sinalização de gênero neutro da empresa. Enquanto o cliente anônimo estava defendendo a marca, a conta não foi retirada ou autuada pela Target e as pessoas a confundiram com a equipe real de atendimento ao cliente da empresa. Assim, o usuário do Facebook poderia potencialmente postar declarações, comentários e conteúdo que não refletiam necessariamente os valores da marca e, ainda pior, poderia incluir questões e respostas ofensivas. Nesse caso, a Target deveria ter sido proativa atribuindo representantes de atendimento ao cliente para monitorar diuturnamente os canais de mídia social. Como a empresa estava fazendo alterações em sua marca, deveria ter previsto que os clientes teriam comentários ou opiniões que seriam expressos nas redes sociais. Mesmo que a Target não pudesse ter impedido esse usuário de criar uma conta falsa, a empresa poderia tê-la detectado antes e, assim, teria evitado que se tornasse viral e causasse polêmica.

4. Envolvimento excessivo com seus clientes

Haverá um momento em que você sentirá a necessidade de se comunicar com os clientes com mais frequência. Afinal, o sucesso do cliente tem a ver com conversar com eles e descobrir o que eles desejam.

"UMA BOA REGRA PRÁTICA É QUE OS CLIENTES IRÃO PREFERIR UMA SOLUÇÃO ANTES TARDE DO QUE NUNCA"

No entanto, se você os envolver demais, pode acabar irritando-os em vez de ajudá-los. O envolvimento excessivo origina-se da incerteza, o que significa que, se um cliente silenciar sobre sua experiência, você tentará contatá-lo para descobrir se ele está tendo problemas ou não. Engajar-se excessivamente com eles por medo de perdê-los, porém, é um erro comum que você deve evitar. O silêncio não significa necessariamente que seu cliente teve uma experiência ruim. No entanto, os responsáveis pelo atendimento ao cliente às vezes enviarão várias mensagens a ele para se certificar de que esse não é o caso. Investir tempo com esses clientes também pode causar problemas para as operações de sucesso da empresa. Por exemplo, seus atendentes podem perder tempo contatando um consumidor que não precisa de assistência e negligenciar alguém que precisa. Cada cliente é diferente e único, portanto, tente encontrar uma fórmula de engajamento que não irrite o seu e que não consuma muito tempo de seus agentes.

Exemplo de empresa: **Comcast**

O sucesso do cliente consiste em atender às suas necessidades, mesmo que ela seja o cancelamento da conta. Portanto, se um cliente deseja encerrar seu negócio, você pode oferecer seu melhor argumento de venda para convencê-lo do contrário, mas, em última análise, deve fornecer as etapas necessárias para que ele atinja seu objetivo. Um representante da Comcast fez o oposto quando encontrou um cliente que queria fechar sua conta. Em vez de ajudá-lo nas etapas de cancelamento, o representante tentou persuadi-lo de que a Comcast seria melhor do que qualquer concorrente que ele tentasse procurar. O compromisso do representante em manter o cliente envolvido resultou em uma experiência notavelmente desagradável que atraiu muita atenção negativa da mídia. No final, essa atitude traria muito mais desgaste, e provavelmente a perda do cliente, do que a frágil tentativa de o manter (essa prática é constante nas operadoras de telecomunicações brasileiras).

5. **Definição de expectativas inconsistentes**

Prometer coisas que são impossíveis ou difíceis de entregar fará com que os clientes reconsiderem sua confiabilidade. Por exemplo, se você definir um prazo e não o cumprir, os clientes perderão a confiança em sua capacidade de cumprir as metas dentro do prazo. Definir expectativas adequadas para quando e como as tarefas serão concluídas define um padrão para os clientes julgarem você. Se você prometer algo a eles, mas não cumprir, eles pensarão que você se esqueceu ou não valoriza as necessidades deles.

Uma boa regra prática é que os clientes irão preferir uma solução antes tarde do que nunca. E sua equipe pode amenizar o golpe entrando em contato com eles imediatamente ao saberem que um prazo ou expectativa não pode ser cumprido. Quanto mais tempo você der a um cliente para se preparar, mais provável será que ele compreenda a situação.

Exemplo de empresa: **Amazon**

A Amazon tem um grande histórico positivo de atendimento ao cliente. Mas isso não significa que não cometa erros de vez em quando. Por exemplo, uma cliente fiel da Amazon estava comprando papel higiênico quando percebeu que comprara acidentalmente um item de US$ 88,00 com um custo de envio de US$ 7.455,00. Infelizmente, quando ela detectou o erro, era tarde demais para cancelar o pedido e o pacote foi entregue. Então, ela ligou para o atendimento ao cliente da Amazon, na esperança de resolver o problema. Sendo uma cliente de longa data da Amazon, ela esperava que as coisas se acertassem rapidamente. No entanto, depois de reclamar seis vezes e escrever uma carta ao CEO, Jeff Bezos, ela foi informada repetidamente de que a empresa não reembolsaria a compra porque ela fora entregue no prazo e sem danos. Só dois meses e meio depois, quando a história da cliente foi apresentada na televisão, a Amazon decidiu reembolsar a compra. A lição aqui é que um bom atendimento ao cliente não é um evento único. É algo que você deve tentar entregar constantemente, a todo momento, não importa há quanto tempo o consumidor está com sua empresa. Lembre-se de que vários estudos mostram que basta uma experiência ruim para um consumidor desistir de ser seu cliente e ainda por cima falar muito mal de sua empresa/marca.

23

E PARA CONCLUIR...

por Andréa Naccarati de Mello

Experiências marcam as pessoas para sempre, as positivas e as negativas. As Experiências dos Clientes acontecem da mesma forma, levando à satisfação, fidelização ou até à deserção e ao comprometimento da imagem e reputação das marcas pelo boca a boca negativo, fruto da má experiência vivida.

Customer Experience requer que se pense diferente, nunca deixando de olhar a concorrência, mas entendendo que o cliente é o grande foco em qualquer contexto de negócio.

A liderança das empresas, seus profissionais e parceiros precisam entender o CX a fundo e trabalhar seriamente em mudanças profundas dentro das organizações para colocar o cliente genuinamente no centro de tudo para a empresa obter resultados sustentáveis no longo prazo.

Ajustar, ou até mesmo mudar, a cultura organizacional (o que não é fácil), gerenciar e medir as Experiências dos Clientes em todos os pontos de contato com a empresa para ajustar o que for preciso, trabalhar na Experiência do Funcionário porque ele tem um grande impacto na Experiência do Cliente, lembrar que propósito e reputação de marca são importantes, sim, no contexto do CX, assim como a experiência que se oferece na loja física/no *e-commerce*, e muitos outros elementos indicados neste livro que são importantes para a marca fazer a diferença na vida das pessoas.

CX não termina aqui, ainda tem muito por vir! E seguimos juntos nesta jornada...

E PARA CONCLUIR...

Ilustração de Caio Oishi

"Faça o que você faz tão bem que eles vão querer ver de novo e trazer os amigos"

Walt Disney

COAUTORES

André Luiz Camacho da Silveira

Empreendedor e consultor em gestão, formado em Engenharia Eletrônica e Administração pela Universidade Mackenzie, MBA em Marketing pela ESPM, especialista em gerenciamento de projetos e gestão por processos, certificado PMP *(Project Management Professional)* e CBPP *(Certified Business Process Professional)*. Vinte e cinco anos de experiência em gestão de projetos envolvendo redesenho de processos, montagem de escritórios de projetos, capacitação em metodologias de gestão, implantação de plataformas de CRM adotando a abordagem *OutsideIN*, redesenho de processos a partir da perspectiva do cliente, em empresas dos mais variados segmentos e portes. Responsável pelo primeiro portal *wireless* da América Latina, desenvolvido pelo UOL e BCP (atualmente Claro). Hoje é sócio da Beringer Analytics e Expleo, onde vem apoiando empresas no alcance de resultados impactantes a partir do seu desenvolvimento em *Data Analytics* aplicado em CX, marketing e vendas.

andre.silveira@expleo.com.br

Andréa Naccarati de Mello

Empreendedora, consultora e professora, formada em Engenharia de Alimentos pela Unicamp, MBA em Administração pela FIA-SP, pós-graduação em Influência Digital pela PUCRS (término em 2022). Trinta anos de experiência em marketing, tendo trabalhado em multinacionais como Samsung, Mondelez, Unilever e Bestfoods em posições locais e regionais (LA e UE). Fundadora da Robecca & Co. Consultoria e professora da ESPM. Coautora dos livros Mulheres do Marketing (2018) e Líderes do Marketing (2019). Vários *Awards*: Cannes Lions Bronze 2018 *(Branded Content Print & Publishing)*; AMPRO Globes Awards Gold 2018 *(Best brand activation and best social responsibility project)*; El Ojo de Iberoamérica Gold 2018 *(Digital & Social)*; LIA Bronze 2018 *(London International Awards)*; 31st Marketing Best Award 2018; D&AD Impact 2017 *(Creative Impact/Health & Wellness)*.
andrea@robecca.com.br

Fábio Dias Monteiro

Formando em Marketing, com especialização em Planejamento Estratégico de Marketing. Trabalhou no marketing de empresas como: IBM Brasil, Harte Hanks Inc., Claro Telecomunicações, Telefônica e CredSystem. Como consultor planejou e executou projetos de transformação digital, BI, CRM e CX em diversas empresas varejistas de gestão familiar conseguindo resultados expressivos. Atualmente é professor convidado da ESPM nos cursos de CRM e CX e Diretor de Planejamento da Cristal Comunicação.
fabiodm3@gmail.com

Jim Jones da Silveira Marciano

Graduação em Ciência da Computação pela UNIPAC e mestrado em Engenharia Elétrica pela UFSJ. Acumula 10 anos de experiência como docente em cursos de graduação voltados para a área da computação, tecnologias e áreas diversas como engenharias, arquitetura, etc. Leciona disciplinas relacionadas a desenvolvimento de *software* e Inteligência Artificial. É pesquisador colaborador no grupo CyRoS - UFSJ, sendo detentor de patentes e registros de *softwares* que foram resultado dos trabalhos desenvolvidos. Possui publicações em anais e periódicos de diversas áreas como administração, engenharias, neurociência, etc. É também consultor e orientador de temas relacionados a tecnologias, modelagem de sistemas/processos e Inteligência Artificial. Atualmente, é arquiteto de soluções *web* na Tigre Tubos e Conexões. É sócio-fundador da embrionária Yed Tecnologias, empresa criada para o desenvolvimento de soluções digitais que visam amplificar o bem-estar individual e coletivo.

jimjonessm@gmail.com

José Joaquim Costa de Oliveira

Executivo comercial com mais de 30 anos de experiência profissional em Gestão de Negócios e Gestão Comercial, em organizações nacionais e multinacionais de diversos segmentos, com passagens por IBM, APPLE, FIAT e SOTREQ. Consultor de empresas especializado em Planejamento e Estratégia Comercial, Treinamento e Estruturação Comercial. Palestrante e professor conteudista de Curso EAD/SENAC-SP – disciplina: Planejamento Comercial e Técnicas de Negociação. Experiência em organizações matriciais complexas, mudanças organizacionais e culturais, reestruturações e implantação de novas unidades de negócios. Participação em processos de implantação de soluções de ERP e CRM e de jornadas de *Customer Experience*. Graduado em Administração de Empresas pela PUC-SP, MBA em Marketing pela FECAP-SP, especialização em Marketing de Serviços pela ESPM-SP, extensão universitária em Ética pela USP-SP e Micro MBA *Program – Design Thinking and Creative Innovation* – University of Queensland – Brisbane – Austrália.

joaquim.costa@hotmail.com.br

Larry Sackiewicz

Empreendedor, professor e consultor, com experiência executiva de mais de duas décadas em empresas dos ramos alimentício, químico, bebidas, serviços e têxtil. Carreira desenvolvida em Marketing, Inteligência Mercadológica, *Customer Experience* e área comercial em empresas como Souza Cruz, Refinações de Milho Brasil (Unilever), Seagram (Pernod Ricard), Reebok, VF Corp. (Lee e Wrangler) e Sherwin-Williams. No Brasil foi sócio internacional e o responsável pela implantação da filial brasileira da consultoria europeia Brain Trust CS, com projetos de inteligência, qualidade e CX, entre outros, nas empresas Vivo, Itaú/Unibanco, Bradesco, Telefônica, Nextel (agora Claro), Nestlé e FedEx. Larry é diretor na WoW Consulting Services e professor da FBS Fundassem e Aquora, Escola de Negócios de Alicante, Espanha.

larry@wowconsultingservices.com

Luis Alt

Pioneiro no Brasil em *Design Thinking* e *Design* de Serviço. Fundou e é um dos responsáveis pela operação brasileira da Livework, a primeira consultoria de *Design* de Serviço do mundo, criada em Londres em 2001, com clientes como Itaú, Latam, Roche e Natura. Concebeu o primeiro curso de *Design Thinking* da América Latina, ativo até hoje no Centro de Inovação e Criatividade da ESPM - São Paulo. Autor do *best-seller Design Thinking Brasil*, o primeiro livro sobre o assunto escrito em português. Cofundador do capítulo brasileiro da Service Design Network, rede global de *Design* de Serviço, tem servido como parte do júri do seu prêmio anual, o *Service Design Award*, desde 2017. Também é parte do júri do Brasil *Design Award*, organizado pela ABEDESIGN.
mail@luisalt.com

Luiz Carlos Corrêa

Empreendedor, diretor de arte e professor, formado pela UNIP em Publicidade e Propaganda. Trabalhou como diretor de arte nas agências McCann Erickson, JWT, Leo Burnett, Young & Rubican, Cheil, entre outras, criando campanhas para clientes como Banco Santander, Mastercard, HP, Tim, Nestlé, Cadbury Adams, Fiat, Procter & Gamble, Kellogg's, Philip Morris e Samsung. Além disso, foi professor de direção de arte e criação na FACAMP, em Campinas. Atualmente Luiz é sócio-diretor da agência Cristal Comunicação, atuando com foco na transformação digital para empresas.
luiz@cristalcomunicacao.com.br

REFERÊNCIAS BIBLIOGRÁFICAS

ALT, Luis; PINHEIRO, Tennyson. *Design thinking Brasil*. Rio de Janeiro: Alta Books, 2017.

BARRETT, Richard. *The values-driven organization: cultural health and employee well-being as a pathway to sustainable performance*. Nova York: Routledge, 2017.

CARROLL, Lewis. *As aventuras de Alice no país das maravilhas*. São Paulo: Editora 34, 2016.

DESTENO, David. *The truth about trust: how it determines success in life, love, learning and more*. Nova York: Plume, 2015.

DIXON, Matthew. et al. *The effortless experience: Conquering the new battleground for customer loyalty*. Nova York: Portfolio, 2013.

FISHER, Roger. et al. *Como chegar ao sim: como negociar acordos sem fazer concessões*. Rio de Janeiro: Sextante, 2018.

GOODMAN, John A. *Customer experience 3.0: high-profit strategies in the age of techno service*. Nova York: AMACOM, 2014.

FUKUYAMA, Francis. *Trust: the social virtues and the creation of prosperity*. Nova York: Free Press, 1995.

GEMIGNANI, Zach. et al. *Data fluency: empowering your organization with effective data communication*. Nova Jersey: Wiley, 2014.

JAIN, Piyanka.; SHARMA, Punnet. *Behind every good decision: how anyone can use business analytics to turn data into profitable insight*. Nova York: Jayaraman/Amacom, 2014.

KOTLER, Philip. et al. *Marketing 3.0: as forças que estão definindo o novo marketing centrado no ser humano*. Rio de Janeiro: Campus Elsevier, 2010.

KOTLER, Philip. et al. *Marketing 4.0: do tradicional ao digital*. Rio de Janeiro: Sextante, 2017.

KOTLER, Philip. et al. *Marketing 5.0: technology for humanity*. Nova Jersey: Wiley, 2021.

KOTLER, Phillip.; KELLER, Kevin Lane. *Administração de marketing*. Campinas: Pearson Universidades, 2019.

Lee, Sampson. *"Pain is good". Pig strategy: make customer centricity obsolete and start a resource revolution.* Hong Kong: iMatchPoint Limited, 2014.

MADRUGA, Roberto. *Gestão do relacionamento e customer experience: a revolução na experiência do cliente.* São Paulo: Gen/Atlas, 2020.

MANNING, Harley; BODINE, Kerry. *Outside in: the power of putting customers at the center of your business.* Las Vegas: Amazon Publishing, 2012.

MORGAN, Jacob. *The employee experience advantage: how to win the war for talent by giving employees the workspaces they want, the tools they need, and a culture they can celebrate.* Nova Jersey: Wiley, 2017.

REASON, Ben. et al. *Service design for business: a practical guide to optimizing the customer experience.* Nova Jersey: Wiley, 2015.

Reichheld, Fred. *The ultimate question 2.0: how net promoter companies thrive in a customer-driven world.* Massachusetts: Harvard Business School Publishing, 2011.

REIMAN, Joey. *The story of purpose: the path to creating a brighter brand, a greater company, and a lasting legacy.* Nova Jersey: Wiley, 2013.

SCHULTZ, Howard. *Em frente!* Rio de Janeiro: Campus Elsevier, 2011.

SMITH, Shaun; WHEELER, Joe. *Managing the customer experience: turning customers into advocates.* Harlow: Financial Times/Prentice Hall, 2002.

SOLOMON, Michael R. *O comportamento do consumidor: comprando, possuindo e sendo.* Porto Alegre: Bookman, 2016.

TALEB, Nassim N. *Antifrágil.* São Paulo: Objetiva, 2020.

TORRES, Marcos T. *Liderança e resultados*: P10 #kingoftheoffice. Do autor, 2017.

TROIANO, Cecilia R.; TROIANO, Jaime. *Qual é o seu propósito? A energia que movimenta pessoas, marcas e organizações no século 21.* São Paulo: CLA Editora, 2019.

TURING, Alan M. *Computing machinery and intelligence.* Mind 49: 433-460, 1950.

WELCH, Jack.; BYRNE, John A. *Jack definitivo.* Rio de Janeiro: Campus Elsevier, 2001.

ZOHAR, Danah.; MARSHALL, Ian. *Capital espiritual: como usar a inteligência racional, a emocional e a espiritual para transformar tanto a si mesmo quanto a cultura corporativa.* Rio de Janeiro: Best Seller, 2006.

INTERNET

BERNAZZANI, Sophia. Here's why customer retention is so important for ROI, customer loyalty and business growth. Hubspot. Disponível em: https://blog.hubspot.com/service/customer-retention. Acesso em: 17 de janeiro de 2021.

BIDDDLE, Sam. How to be a genius: This is Apple's secret employee training manual - Gizmodo – 2012. Disponível em: https://gizmodo.com/how--to-be-a-genius-this-is-apples-secret-employee-trai-5938323 19. Acesso em: 19 de outubro de 2020.

BRUSTEIN, Darrah. 10 simple ways to improve your reputation. Forbes – 2014. Disponível em: https://www.forbes.com/sites/yec/2014/01/28/10-simple-ways-to-improve-your-reputation/?sh=485bcbef6b9f. Acesso em: 17 de janeiro de 2021.

De WEICK, Sabina. Consumir por consumir saiu de moda. O futuro das coisas – 2020. Disponível em: https://ofuturodascoisas.com/covid-19-um-reset-rumo-a-abundancia/. Acesso em: 29 de outubro de 2020.

DIEBNER, Rachel, et al. Adapting customer experience in the time of coronavirus. Mckinsey and Company – 2020. Disponível em: https://www.mckinsey.com/business-functions/marketing-and-sales/our-insights/adapting-customer-experience-in-the-time-of-coronavirus#. Acesso em: 28 de janeiro de 2021.

EDELMAN, Richard. Trust barometer special report: Brand trust and the coronavirus pandemic. Richard Edelman – 2020. Disponível em https://www.edelman.com/research/covid-19-brand-trust-report. Acesso em: 28 de janeiro de 2021.

FIELDS, Jessica. We are leaving older adults out of the digital world. Tech Crunch – 2019. Disponível em: https://techcrunch.com/2019/05/05/we-are-leaving-older-adults-out-of-the-digital-world/. Acesso em: 28 de janeiro de 2021.

JAMES, Geoffrey. Encouraging quotes for times of crisis. Inc Magazine – 2020. Disponível em https://www.inc.com/geoffrey-james/33-encouraging--quotes-for-times-of-crisis.html. Acesso em: 28 de janeiro de 2021.

LANDIS, Taylor. Outbound Engine – 2020. Disponível em: https://www.outboundengine.com/blog/customer-retention-marketing-vs-customer-acquisition-marketing/. Acesso em: 28 de janeiro de 2021.

LEE, Sophia. What is employee experience? Culture Amp https://www.cultureamp.com/blog/what-is-employee-experience/. Acesso em: 8 de outubro de 2020.

MACEDO, Fausto. World Health Bank – pessoas com deficiência no mundo e no Brasil – O Estado De São Paulo, Blog Fausto Macedo. Disponível em https://politica.estadao.com.br/blogs/fausto-macedo/dia-nacional-da-luta-das-pessoas-com-deficiencia-retrocesso-ou-avanco/#:~:text=-Apesar%20de%20serem%20tratadas%20como,como%2045%20milh%-C3%B5es%20de%20pessoas. Acesso em: 28 de janeiro de 2021.

MORGAN, Blake. 50 stats that prove the value of customer experience. Forbes – 2019. Disponível em https://www.forbes.com/sites/blakemorgan/2019/09/24/50-stats-that-prove-the-value-of-customer-experience/?sh=44f237a14ef2. Acesso em: 28 de janeiro de 2021.

NIKOVA, Vania. How cost optimization with the cloud impacts services and application architecture. CloudSigma. Disponível em: https://www.cloudsigma.com/how-cost-optimization-with-the-cloud-impacts-services-and-application-architecture/. Acesso em: 7 de dezembro de 2020.

OLSON, Sarah. ZenDesk The Library – 2020. Disponível em: https://www.zendesk.com.br/blog/improve-customer-loyalty-and-retention/. Acesso em: 17 de janeiro de 2021.

RENAULT, Elisa. Customer experience mindset: 7 dicas para implementar em sua empresa. Track.co blog – 2019. Disponível em: https://blog.track.co/customer-experience-mindset/. Acesso em: 21 de outubro de 2020.

3 types of machine learning. Ceralytics – 2020. Disponível em: https://www.ceralytics.com/3-types-of-machine-learning. Acesso em: 7 de dezembro de 2020.

CIF brand. Unilever. Disponível em: https://www.unilever.com/brands/home-care/cif.html#:~:text=Restoring%20Beauty%20To%20Restore%20Well%-2DBeing&text=To%20bring%20this%20to%20life,individual%20%26%20community%20well%2Dbeing. Acesso em: 17 de janeiro de 2021.

Customer-centric leadership is the new growth indicator. Martechseries – 2020. Disponível em: https://martechseries.com/sales-marketing/customer-experience-management/study-customer-centric-leadership-new-growth-indicator/. Acesso em: 28 de janeiro de 2021.

Dove brand. Unilever. Disponível em: https://www.unilever.com/brands/personal-care/dove.html. Acesso em: 17 de janeiro de 2021.

How the right CX operating model can pave the way to future success. Delloite – 2019. Disponível em: https://www2.deloitte.com/content/dam/Deloitte/de/Documents/technology/Deloitte_Digital_CX_Operating_Model_PoV.pdf. Acesso em: 28 de janeiro de 2021.

The disconnected customer: what digital experience leaders teach teach us about reconnecting with customers. Cap Gemini Transformation Institute – 2018. Disponível em: https://www.capgemini.com/wp-content/uploads/2017/06/dcx-research-new-branding-web-version.pdf. Acesso em: 28 de janeiro de 2021.

The fundamental concepts of good UX. Usabill:a – 2016. Disponível em: https://medium.com/@usabilla/the-fundamental-concepts-of-good-ux-7e1a-d6153eda. Acesso em: 28 de janeiro de 2021.

UX - A experiência do usuário. Thinking with Google. Disponível em: < https://www.thinkwithgoogle.com/intl/pt-br/estrategias-de-marketing/apps-e-mobile/ux-user-experience/>. Acesso em: 9 de dezembro de 2020.

IMAGENS

Página 2 e 3: Pablo Merchán Montes | Unsplash
Página 12: Eye For Ebony | Unsplash
Página 14: Brooke Cagle | Unsplash
Página 24: Ogo | Pexels
Página 32: Sam Lion | Pexels
Página 34: Helena Lopes | Pexels
Página 40: Camila Damasio | Unsplash
Página 50: Markus Spiske | Pexels
Página 56: Cottonbro | Pexels
Página 64: Andrew Neel | Unsplash
Página 74: Ethan Jones | Pexels
Página 82: Pixabay | Pexels
Página 94: Ekrulila | Pexels
Página 102: Christina Morillo | Pexels
Página 105: Bantersnaps | Unsplash
Página 120: Clarisha | Pexels
Página 122: Eye For Ebony | Unsplash
Página 128: Lou Levit | Unsplash
Página 129: Alexander Schimmeck | Unsplash
Página 133: Karolina Grabowska | Pexels
Página 134: Bruce Mars | Unsplash
Página: 138: Pixabay | Pexels
Página 148: Headway | Unsplash
Página 160: Johan Godinez | Unsplash
Página 166: Blake Wisz | Unsplash
Página 174: Shari Sirotnak | Unsplash
Página 198: Guy Stevens | Unsplash
Página 201: Waldemar Brandt | Unsplash
Página 204: You X Ventures | Unsplash
Página 212: Josh Connor | Unsplash
Página 215: Lex Guerra | Unsplash
Página 232: Cottonbro | Pexels
Página 250: Laura James | Pexels
Página 264: Lidya Nada | Unsplash
Página 266: Zhang Kai | Pexels
Página 269: Anne R | Pexels
Página 272: Dom J | Pexels
Página 276: Gift Habeshaw | Unsplash
Página 284: Jesse Gardner | Unsplash

LIVROS DA EDITORA ROBECCA

A Editora Robecca é nova, mas cheia de experiência acumulada, energia e inspiração para levar a melhor experiência de leitura para você, sempre.

Conheça também o volume 2 da coleção *Experiências que deixam marcas*

www.editorarobecca.com.br